V.

29366.

9068

L'ACADEMIE
DE LA
PEINTVRE

NOVVELLEMENT
mis au jour pour inſtruire la
jeuneſſe à bien Peindre en
huile & en Mignature.

Et qui enſeigne le mélange des Couleurs
avec la maniere de les bien preparer
pour imiter la Nature, & pour don-
ner la force aux Figures, où il eſt
neceſſaire, & à faire les Teintes,
les Iours, & les Ombres,

Enſemble les Noms des fameux Peintres, Scul-
teurs, Architectes, & Graveurs, qui ont
vécu ſous le Regne de Louys XIII. &
de Louys XIV. à preſent regnant.

✤✤✱✧✧

A PARIS,
Chez I. BAPTISTE LOYSON, au Palais,
devant la Sainte Chapelle, à la Croix d'or.

———————————

M. DC. LXXIX.
Avec Privilege du Roy.

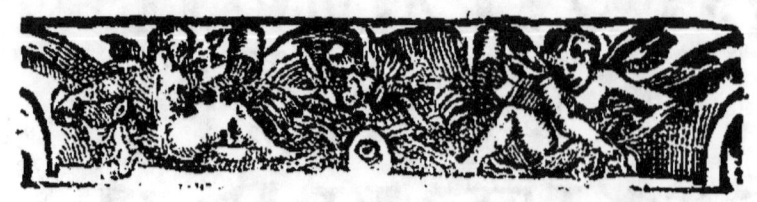

A MESIRE

CHARLES DE SAINTE

Maure , Duc & Pair de
France , Seigneur de
Montausier , Chevalier
desOrdres du Roy, Lieu-
tenant General pour sa
Majesté en Normandie,
& Gouverneur de Mon-
seigneur le D'auphin.

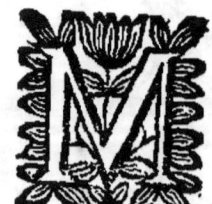ONSEIGNEVR,

Tout le monde sçait que vous

cheriſſès les Sciences , & que
vous faites beaucoup d'eſtime des
Hommes qui les ont aquiſes , &
qui ſuivent quelques parties des
Vertus qui vous accompagnent, &
que vous poſſedez ſi avantageuſe-
ment ; que tous les plus ſages du
Siecle admirent ces hautes qualitez dont Voſtre Ame eſt pour-
veüe , Ie n'ay pas beſoin de Re-
thorique pour perſuader aux vertueux cette verité , puis que le
Roy luy méme la fait aſſez connoiſtre à toute la France , par le
choix qu'il a fait de Voſtre Illuſtre Perſonne , pour Conduite
& Education du plus Grand
Prince de l'Europe , auquel vous
infuſez toutes les Vertus, que doit
avoir un Prince bien accomply.
Toute la Cour eſt perſuadée des

EPISTRE.

foins que vous prenez pour achever une fi glorieufe entreprife.
Les Mufes admirent les rares vertus qui font en vous ; & font dans
l'impatiance de voir Voftre Grandeur fur le Parnaffe fur ce mont
fi renommé afin de vous rendre
un refpectueux hommage, & de
vous témoigner leurs juftes ref-
fentiment des faveurs que vous
leur faites d'aimer les beaux
Arts & particulierement ceux
de la Poïfiës & ceux de la Peinture, qui font deux Sœurs infe-
parables dont l'une eft parlante,
& l'autre obferve un eternel fi-
lence, c'eft la Peinture dont Vôtre Grandeur a beaucoup de con-
noiffance, & qui m'oblige de
prendre la liberté, Monfeigneur,
de vous prefenter les Traités de

cette belle Science, qui ſans doute donnera beaucoup d'intelligence a ceux qui ſe voudront entretenir de cette noble vertu, vous
y verrés l'excellance des plus cele-
bres & plus ſçavans Peintres de
l'Antiquité, & celle des plus
Illuſtres modernes du Siecle. Ie
l'ay fait pour le ſervice des Ieu-
nes vertueux Amateurs de ce noble Art, où, Ie pretend les
inſtruire au meſlange des Couleurs, à la force des Teintes, &
à l'vnion des jours & des ombres
que les Romains nomment clair-
obſcur, je l'ay auſſi fait en fa-
veur des nouveaux curieux, qui
apprendront à connoiſtre les diver-
ſes manieres des bons Maiſtres,
leurs coloris, leurs touches &
maniment du Pinceau, leurs or-

donnances, & la beauté de leurs deſſeins. Receuez le donc s'il vous plaiſt, Monſeigneur, & luy octroyées voſtre protection ſous laquelle ſans doute il ſera receu favorablement des Perſonnes de Condition, qui en feront beaucoup plus d'eſtime, voyant ſur ſon frond les marques de Voſtre Venerable Nom, & qui ne douteront point de ſon merite, ſi Vôtre Grandeur me permet de me dire publiquement.

MONSEIGNEVR

de Voſtre Grandeur

Le tres humble, tres obeïſant, & tres fidelle ſerviteur
DE LA FONTAINE.

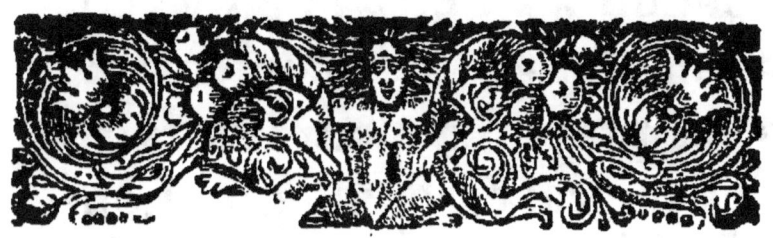

PREFACE

AU LECTEUR.

AMY Lecteur, voicy un traitté de la Peinture que je mets au-jour pour satisfaire à la promesse que i'ay faite à quantité de personnes de Condition amateurs de cét Art, & curieux des belles choses, & encor pour les jeunes tant de l'un que de l'autre sexe, ausquels je donne avis, & Conseil pour se

conduire à cette noble vertu
au meſlange des couleurs &
à les preparer pour en faire
des ouvrages bien condition-
nées & qu'ayant une belle
vnion que les iours & les ombres ſoient tellement conjoin-
tes, qu'on ne ſçache ny ou eſt
le jour ny l'ombre, que l'on
faſſe les Groupes dans le Tableau qui feront juſques à
trois ſans plus ; que la figure
du ſujet, & toûjours la plus
en veüe qu'il eſt poſſible, que
les diſgreſſions y ſoient bien
obſervées, afin que la veüe ne
ſe lâſſe de voir touſiours un
méme ſujet: Nous avons enſei-
gné la façon de Peindre à
l'huille en detrempe à la

fresque, au pastel, au blanc
& noir, en Mineature : nous
avons enseigné à poser les
figures au devant du Tableau
plus forts pour faire fuire celles du derriere & à leur donner la hauteur selon leurs enfoncement perspectives, qu'un
Peintre doit sçavoir necessai-
rement par theorie & pratique, car un Peintre ne doit
point se servir de compas, &
sont ses yeux qui supplaient au
defaut diceluy, il ny à rien
de plus charment que de voir
dans un Tableau, qui n'est
qu'un plan des figures toutes
rondes & d'une hauteur necessaire sortant d'iceluy, &
des lointains à perte de veüe,

dans un petit morceau de toille, cela eſt une magie fort agreable.

La Sculpture n'eſt pas moins ſurprenante, car un bô ouvrier en cét Art peut faire une groupe de figures dans un morceau de marbre, ou de de pierre, ou il aura déſigné pluſieurs figures, leſquelles eſtant ébochées & enfin polies, il les fera toucher les extremités de la pierre ſans les eſtropier : Et comme il ny à qu'un point de veuë à la Peinture, il y en à un grand nombre en la Sculpture, car on la peut voir comme une Academie, qui eſt une autre eſpece de Magie, A toutes ces cho-

ses nous avons donné les Livres necessaires pour le ser-
vice de ces deux Arts, & la
la façon de s'en bien servir.
Voila cher Lecteur l'avis que
je donne, ADIEV.

TABLE

TABLE

DES TRAITTEZ
contenuës en cette Ouvrage.

PREMIER PARTIE.

ē

TABLE.

TABLE.

é ij

TABLE.

TABLE.

SECONDE PARTIE.

é iij

TABLE.

TABLE.

é iiij

TABLE.

TABLE.

FIN.

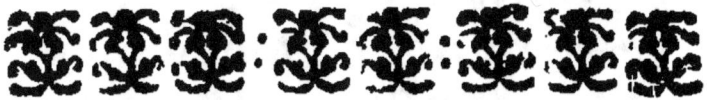

Extraict du Privilege du Roy.

PAR Grace & Privilege donné à Paris le cinquié-me Seprembre 1659. figné par le roy en fon Confeil. GViTONNEAV, Il eſt permis au fieur de la Fontaine Mathematicien & Ingenieur ordinaire du Roy, de faire Imprimer fes Oeuvres Mathematiques & autres Traitez, defquels Traitez eſt fait defences à toutes perfónes d'en rien extraire ny contrefaire pendant le temps de fept années, à commencer du iour que chaque traité fera achevé d'imprimer, à peine de cinq cens livres d'amende, confiscation des Exemplaires contrefaits, & de tous despens dommages & interests, ainsi qu'il est plus amplement porté esdites Lettres, qui seront tenuës pour deüment signifiés pour chaque partie de ses Oeuvres en vertu du present Extrait.

I'ay cedé & transporté au sieur Iean Baptiste Loyson Marchand Libraire à Paris, Vn traité de ma composition jntitulé: *De la Mignature avec* le Meslange des Couleurs à huille que celles de la Mignature, pour le temps & espace de sept années, ainsi qu'il est porté dans mon privilege, qu'il a pleu au Roy m'accorder de toutes mes Oeuvres. Fait à Paris ce premier jour de Iuin 1678.

DE LA FONTAINE.

Achevé d'imprimer pour la premier fois le dernier Avril 1679.

TRAITÉ
DE LA PEINTVRE
ET DE SON OBJET.

Avec l'inſtruction pour le mélange des Couleurs, à donner la force aux Figures, qui ſont ſur le devant du Tableau, pour faire füir celles du derriere, à faire les teintes, les Iours & les Ombres ſi tendres, qu'on ne puiſſe connoiſtre leur conjonction, qui eſt ce je ne ſçay quoy, que les Romains nomment Clair-obſcur. *La maniere de bien preparer les Couleurs pour imiter la Nature, qui eſt le ſujet de cet Art.*

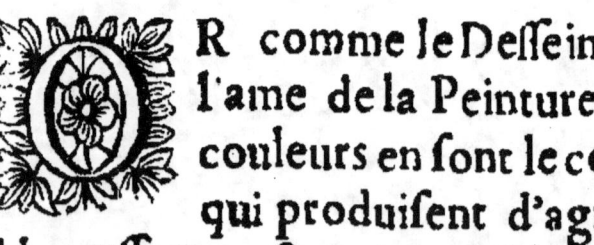 R comme le Deſſein eſt l'ame de la Peinture, les couleurs en ſont le corps qui produiſent d'agrea-bles effets, eſtant touchées d'une

A

artiste main ; si bien que le mélange
des Iours & des Ombres, c'est à
dire une conionction d'un *Clair-
Obscur* qui est imperceptible, &
qui est difficile à connoistre, comme il se voit en plusieurs Tableaux,
& comme on a vû dans vn Tableau
du Titin, où il a fait une Danaé
couchée sur le dos, son sein décou-
vert au grand jour, qui paroissoit
rond, sans qu'on apperçoive aucun
ombre, c'est une chose assez sur-
prenante.

Les jeunes gens qui ont inclination à cette vertu, y trouveront
beaucoup de satisfaction, s'ils y
veulent employer le temps, soit à
la Peinture à huile, à la détrempe,
au Pastel, au blanc & noir, ou Mignature, qui est une chose fort
agreable, & particulierement pour
les Filles qui sont curieuses de la
vertu, & qui veulent employer le
temps à des divertissemens inno-
cens & charmans.

DE L'OBJET DE LA PEINTURE.

L'Objet de la Peinture est tout ce que Dieu a creé dans le Monde.

A sçavoir les Animaux, tant Quadrupedes, Volatilles, que Reptiles, Amphibies, & toutes les sortes d'Insectes.

Les Poissons des eaux salées, & ceux des eaux douces.

Les Plantes, à sçavoir les Herbes, Arbrisseaux, & Arbres, les Fruits, & toutes les racines qui naissent dans la terre pour l'usage de l'homme; Dieu ayant produit les Metaux dans les entrailles de la terre, afin que l'homme les découvrant n'en fist point mauvais usage.

Cette armonie des Cieux, cette voûte azurée, ce Ciel étoillé tout brillant de feux.

Ces deux grands Luminaires, ce Soleil l'œil du monde, qui communique sa lumiere par tout l'Vnivers, & qui donne la vie à toutes les creatures.

Cette Lune qui gouverne les flots maritimes, & qui sert de flambeau aux Mariniers pour découvrir les Routes, & pour s'écarter des bans de sable, des rochers & des abysmes qui s'y trouvent.

La diversité des Meteores qui se voient dans les trois regions, haute, moyenne & basse, comme la grefle, la neige, la pluye, les frimas, la rofée, le tonnerre, les éclairs, le Ciel enflamé, les Comettes, les Lances & Sommiers de feu, l'Arc-en-Ciel & plusieurs autres figures qui se forment dans les nuës, comme il s'en forma une en 1636.

representant une bataille rangée,
qui paroissoit sur Meudon, & qui
demeura prés de deux heures dans
la nuë sans se rompre, tant que
l'air estoit calme ; laquelle nuë &
tout le corps de l'Armée nous pa-
roissoient si tendres, que les plus
sçavans en Peinture eussent eü de la
peine à l'imiter. Il arrive quelque-
fois des orages si impetueux, &
des coups de tonnerre si violens,
qu'ils portent leurs feux au travers
des Forests, & qu'ils font bien de la
peine aux hommes qui se trouvent
à leur violences ; toutes lesquelles
choses donneroient bien de la peine
à un Peintre, s'il ne les avoit remar-
quées aprés nature.

Ceux qui aiment le païsage, doivent considerer la beauté d'un Soleil levant dans un air calme &
doux : celle d'un Soleil couchant,
qui nous fait voir une nuée déchar-
gée de matiere épaisse & grossie-

re, formant par accident des figures tres agreables & tendres, & des
petits feux derriere qui accompagnent cette tendreſſe , ſi bien que
le Peintre y trouve de l'employ.

Il n'y a pas moins de remarques
à faire ſur la mer, qui eſt quelque-
fois agitée par la tourmente, autrefois fort calme & platte. C'eſt en
ce temps qu'on doit conſiderer les
Vaiſſeaux & les déſigner avec tout
leur attirail & dans la tourmente.

On doit deſigner les vagues qui
font des montagnes d'eau , & qui
font perir les Vaiſſeaux ſouvent dans
le port.

Toutes leſquelles choſes ſervent
aux Peintres, comme auſſi les montagnes, les valons , les entremon-
tagnes, les foreſts, les prairies, les
fleuves , les campagnes , les bois-
taillis, les plans de plaiſir , les ver-
gers, fruitiers, les plans d'épines,
les plans de vignes, les coſtes Ma-

ritimes. les Iſles, les Caps, les Pro-
montoires, les Iſthmes ou preſqu I-
les, les Illiotes & Langues de terre,
les bayes & moüillages qui ſe trouvent aux coſtes de la mer.

L'Eternel ayant creé toutes choſes pour l'uſage & ſervice de
l'homme, il le crea le dernier, ſelon
qu'il eſt écrit dans la Geneſe, ſi bien
qu'il trouva la nappe miſe arrivant
au monde ; car les fruits eſtoient
murs & preſts à manger. C'eſt pourquoy les Philoſophes tiennent que
le monde fut creé au mois de Sep-
tembre ; car s'il euſt eſté creé au
mois de Mars, comme diſent quelques Docteurs, il euſt falu atten-
dre ſix mois pour joüir des fruits
de la terre.

Dieu ayant fait toutes choſes par
nombre, poids & meſure, priſt plaiſir de donner à l'homme les dimen-
tions & proportions ſi belles & ſi
avantageuſes pour toutes choſes,

que l'homme mesme est obligé
d'emprunter sur soy des proportions, pour orner les plus riches &
importans Ouvrages, pour leur
donner une belle simétrie , & les
rendre agreables à la veuë , comme
il s'est veu autrefois aux Ouvrages
antiques des Grecs & des Romains, & comme il se voit à present dans la France , où nostre in-
comparable Monarque occupe
grand nombre de ses Sujets à bastir
de superbes Edifices, qui font honte à ceux de l'Antiquité pour estre
sans comparaison beaucoup plus
commodes dans leurs distributions,
dans leurs simetries , dans leurs
estenduës & dans leurs ornemens
internes & externes, tant pour l'Architecture que pour la Sculpture, &
encore pour les richesses inconce-
vables qui sont au dedans, qui leur
servent d'ornement toutes lesquelles choses sont Objets de la Peinture.

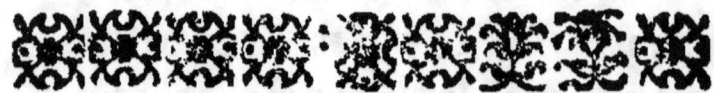

INSTRUCTION
aux jeunes Peintres.

TOut ce que vous avez à remarquer est d'observer la noblesse & la grace, & que vos Figures soient ornées des vertus, comme sont celles des Sciences, de la Philosophie, & de la Rhetorique, ou bien de la Guerre, des Sacrifices, des Alliances, des Amours, & des Mausolées.

Vous devez considerer le lieu où doit estre la Scene de vostre Tableau, la nation d'où sont ceux que vous y voulez faire paroistre, leur maniere d'agir, leurs habits, connoistre leurs Loix, & ce qui fait leur bienseance.

C'eſt une choſe tres-difficile &
un preſent bien rare, que l'homme
reçoit pluroſt du Ciel que de ſon
Eſtude.

Le Peintre doit ſuivre en toutes
choſes l'ordre de la Nature, c'eſt
pourquoy gardez-vous bien de
eindre les Meteores dans les lam-
bris qui ſont foulez aux pieds, ny
les eaux dans les plafons, & ainſi
d'autres choſes : Mais vous ferez
en ſorte que tous les divers genres,
ſoient poſées aux lieux qui leur ſont
convenables.

Mais encore d'exprimer outre tout
cela les mouvemens des eſprits,
& les affections qui ont leur ſiege
dans le cœur. En un mot de faire
avec un peu de couleurs, que l'a-
me nous ſoit viſible par la diverſité
de ſes paſſions, c'eſt ou conſiſte la
plus grande difficulté, car aſſuré-
ment il s'en trouve fort peu, puiſ-
qu'il n'appartient qu'aux Eſprits

qui participent en quelque chose
de la Divinité, à découvrir de si
grandes merveilles.

Les Philosophes disent que les
mouvemens de l'ame qui sont étu-
tudiez, ne sont jamais si naturels
que ceux qui se voyent dans la chaleur d'une veritable passion. Vn
Peintre qui a un grand genie, & qui
sçait la Physionomie, peut marquer
sur le visage de l'homme quelques
passions qu'il peut avoir dans l'a-
me, comme la Ioye, la Tristesse, la
Colere, la Fureur, le Chagrin, la
Melancholie, l'Avarice, l'Envie, le
Mépris, la douleur, &c.

La fin des Portraits n'est pas
comme beaucoup se l'imaginent de
donner avec la ressemblance un air
riant & agreable : C'est bien quelque chose, mais ce n'est pas assez.
Il faut exprimer le veritable tem-
perament des personnes que l'on
represente, & à faire voir leur phy-

fionomie. Si la perfonne que vous
peignez, par exemple, eft naturel-
lement trifte, prenez-garde de
luy donner de la gayeté, qui fe-
roit toûjours quelque chofe d'é-
tranger fur fon vifage.

Si elle eft enjoüée il faut faire paroiftre cette belle humeur, par l'ex-
preffion des parties où elle agit &
où elle fe montre. Si elle eft grave
& majeftueufe, les ris trop fenfibles
rendent cette majefté fade & niai-
fe: Enfin le Peintre qui a de l'efprit
doit faire le difcernement de toutes ces chofes, & s'il fçait la phy-
fionomie il aura bien plus de facilité & reüffira bien mieux qu'un
autre.

L'Hiftoire dit qu'Apelles faifoit
fes Portraits fi reffemblans, qu'un
certain Phyfionomifte difoit en les
voyant, le temps que devoit arriver
la mort des perfonnes, à qui ils
refembloient, ou en quel temps
elle

elle estoit arrivée, si ces personnes n'estoient plus au monde.

Cet Histoire est assez difficile à croire, puisque la Physionomie est une Science fort incertaine, & particulierement celle d'un portrait d'un mort ou d'un homme vivant. Car les portraits, quoy qu'ils soient bien ressemblans, ne sont pourtant que copies ausquelles on ne peut asseoir un jugement solide. puisqu'on n'en peut rien asseurer sur l'original.

Le Peintre sans doute peut découvrir beaucoup de choses certaines sur la face d'un homme, comme la melancholie, la jovialité. Ses humeurs, comme s'il est cholerique, prompt & sanguin, bilieux & attrabilere, sournois & songeart, ayant toûjouts l'esprit embarassé; & ainsi d'autres choses externes, qui peuvent estre veritables. Mais pour juger des pensées du cœur, il faut

B

avoüer qu'il n'y a que Dieu qui puſſe connoiſtre le cœur de l'homme.

l'ay vû un jeune homme le mieux fait & le plus beau de ſon temps, qui eſtoit agreable dans les compagnies, & d'une bonne converſation en toutes ſes actions apparentes, & neanmoins eſtoit un voleur de grands chemins, accompagné de douze ou quinze voleurs, qui voloient & aſſaſſinoient les Marchands, & ce miſerable commerce a duré cinq à ſix ans au bout deſquels il fut pris avec quatre autres, & amenez à Paris où ils furent roüez à la Croix du Tiroir ſur les huit heures du ſoir.

Ainſi la Phyſionomie n'eſt pas fort certaine, c'eſt pourquoy il ne s'y faut pas arreſter. On dit d'ordinaire qu'*en un beau corps, loge une belle ame*, mais cela n'eſt pas tousjours veritable. On ſe ſert de la Geo-

mance, pour découvrir les miseres
de la vie de l'homme, mais céux
qui s'y fondent si trouvent trom-
pez ; car il n'y a rien de plus ridicule : de mesme de la Nomie que les
Egyptiens ont inventée , qui est une
folie toute pure. On se sert encore
de la Queromancie, ou Science de
la main , pour connoistre les acci-
dens de la vie par le moyen des lignes naturelles qui se trouvent dans
la Paume de la main. Celle-cy bien
entenduë a quelque chose de veritable & d'essentiel , comme estant
naturelle.

L'Astrologie Iudiciere est fausse
en toutes ses parties, c'est pourquoy je donne avis aux jeunes Peintres de ne point s'embarasser à six
sortes de Sciences, qui sont, 1.
l'Astrologie Iudiciere.

2. La Pierre Philosophale.

3. La Magie.

4. Le Mouvement perpetuel.

5. La Quadrature du Cercle.

6. Et la Multiplication du Cube.

Qui font chofes qui engagent les Efprits, & qui leur font perdre le temps fans aucun fruit.

Les études d'un Peintre pour fon Art, font la Geometrie, l'Orthographie ou élevation des Baftimens fur leur plan, la Senographie ou Perfpective ; la Gnomonique ou l'ufage des Cadrans Solaires en quelque fituation qu'ils puiffent eftre, foit en France, Italie, Chaldée, & Syriaques. Et pour cet effet, il faut fçavoir les Dodecatemories ou Divifions du Cercle du Zodiaque en douze Signes, pour les marquer dans les Cadrans.

Il doit fçavoir l'Architecture, les Fortifications, la doctrine des Triangles rectilignes & fpheriques, pour prendre l'étenduë des lignes droites & finueufes.

Il doit fçavoir la Geographie, la

Corographie , & la Topographie.

Il doit bien ſçavoir la Sphere &
l'uſage des Globes, & il ne doit
pas ignorer Lidrographie , qui eſt
une étude tres-belle & aſſez particuliere.

Il faut qu'il ſçache parfaitement
l'Anatomie, & qu'il connoiſſe l'effet des Muſcles, des Arteres, la ſi-
tuation des Veines , & qu'il imite
tant qu'il luy ſera poſſible Michel
Lange, qui eſtoit bon Peintre , bon
Sculpteur , & bon Architecte.

Les Avis que je vous donne ſont
aſſez bons pour vous en bien ſervir,
& en faire voſtre profit.

Peignez le plus tendrement qu'il
vous ſera poſſible, ſans faire mourir vos couleurs à force de les tour-
menter. Meſlez les le plus proprement que vous pourrez , & tachez
de faire en ſorte que vous ne re-
touchiez pas deux fois au meſme
endroit. Cherchez tout ce qui aide

à voftre Art & qui luy convient, &
fuyez tout ce qui luy eft contraire.

Les corps de diverfe nature
meflez enfemble font agreables
à la veuë, comme les Fleurs & les
Fruits, les Animaux, les Eftoffes,
les Satins, les Velous, les diverfes
teintes des chairs, les Argenteries,
les Armures, les Inftrumens de Mufique, les Ornemens des Sacrifices
antiques, & mille autres diverfitez
agreables, dont le Peintre pourra
s'advifer.

Il eft certain que la diverfité des
Objets recrée la veuë quand ils
font fans confufion, & qu'ils ne di-
minuënt en rien la force du fujet
que l'on traite.

L'experience nous apprend que
l'œil fe laffe de voir toujours les
mefmes chofes, non feulement dans
un Tableau, mais encore dans la
Nature, où il fe trouve tant d'objets femblables.

Ainsi pour satisfaire l'œil de l'entendement, les meilleurs Auteurs ont eu l'adresse de semer leurs Ouvrages de disgressions agreables, pour delasser l'esprit. La prudence en cela est un grand guide, car les disgressions qui sont trop longues sont sans raison, puisqu'ils font trouver des varietez dans un Tableau, qui alterent la verité de l'Histoire, & qui rendent le tout ridicule.

La facilité attire nos yeux & nos esprits, estant à presumer qu'un beau travail qui nous paroist facile, vient d'une main sçavante & consommée en cet Art. C'est dans cette partie qu'Apelles se sentoit plus fort que Protogene, lorsqu'il se blasmoit de ne pouvoir retirer sa main de dessus son tableau, & de consommer trop de temps à son ouvrage: Et c'est pour cela qu'il disoit que ce qui portoit plus de prejudice aux Peintres, estoit le trop de temps qu'ils donnoient à leurs ouvrages, ne sçachant pas ce qui est *Assez*, ce mot d'*assez* est difficile à connoistre. Il faut bien penser à vostre Sujet, & de quelle maniere vous le traitez selon vos Regles & 'a force de vostre genie, & ensuite de travailler avec toute la fa ilité & toute la promptitude dont vous vous sentez capable, sans faire naistre des difficultez dans vôtre ouvrage. Mais il est impossible d'avoir cette facilité sans posseder toutes les Regles de l'Art: Car la facilité consiste à ne faire précisément que l'ouvrage qu'il faut, & à mettre chaque chose dans sa place fort habillement, ce qui ne se peut faire sans les Regles, qui sont des moyens assurez pour vous conduire, & terminer vos ouvrages avec plaisir.

Si vous voulez avoir de la satis-

faction en peignant voftre ouvrage, qu'il foit entierement fait &
difpofé dans voftre tefte avant
qu'il foit commencé fur le Tableau,
prévoyant l'effet des grouppes, le
Fond & le Clairobfcur de chaque
chofe, l'armonie des couleurs, &
l'intelligence de tout le fujet : En
forte que ce que vous mettez fur la
Toile, ne foit que la copie de ce que
vous avez dans l'efprit.

Si vous vous fervez de cette conduite, vous n'aurez pas la peine de
changer & rechanger vos ouvrages.

Tirez voftre profit des avis des
gens fçavans, & ne méprifez pas
avec arrogance d'apprendre les
chofes qui regardent voftre Art.

Ceux qui fouffrent plus volontiers
d'eftre repris, font ceux-là à qui l'on
trouve beaucoup moins à reprédre
qu'aux autres. Lyfippus eftoit ravy
qu'Apelles luy dift fon fentiment,

comme Apelles recevoit celuy de Lyſippus.

On ſçait ce qu'Apelles faiſoit quand il avoit achevé un Tableau, il l'expoſoit aux paſſans, & ſe cachoit derriere pour écouter ſes défauts à deſſein d'en profiter quand on les luy auroit fait connoiſtre, ſçachant bien que le peuple les examineroit plus rigoureuſement que luy, & ne pardonneroient pas la moindre faute.

Les avis & conſeils de pluſieurs enſemble ſont toûjours preferables à l'avis d'un particulier : Il y en a beaucoup qui par preſomption ou par honte d'eſtre repris, ne font pas voir leurs ouvrages ; mais il n'y a rien de pire : Car le vice ſe nourrit & s'augmente qnand on le tient caché, il n'y a que les fouls à qui la honte fait celer leurs ulceres, au lieu de les montrer pour les faire guerir.

Si vous voulez vous mettre en
quelque estime, & vous aquerir de
la reputation par vos ouvrages, il
n'y a pas de meilleur moyen que
de les faire voir à ceux qui s'y con-
noissent, & recevoir leurs avis avec
la mesme douceur & la mesme ci-
vilité que vous les avez priez de
vous le dire : Vous devez mesme
estre industrieux pour découvrir le
sentiment de vos ennemis, qui est
souvent le plus veritable : car vous
estes asseuré qu'ils ne vous pardon-
neront pas, & qu'ils ne donneront
rien à la complaisance.

Nos productions ne nous flatent
que trop, il est impossible de ne les
pas aimer au moment de leur naissance ; ce sont des enfans dans un
âge tendre, qui ne sont pas capa-
bles d'attirer nostre haine.

On dit que les Singes si tost qu'ils
ont mis leurs petits au monde, ont
toûjours les yeux sur eux ; & ne

ſçauroient ſe laſſer d'en admirer l
beauté, tant la nature eſt amoureu
ſe de ce quelle produit.

On ne doit rien entreprendre a
deſſus de ſes forces, on doit s'étu
dier à les connoiſtre : C'eſt une prudence de laquelle dépend noſtre
reputation, parce quelle nous fait
voir dans noſtre luſtre. C'eſt encore une bienſeance que nous ferons
facilement paroiſtre, ſi nous ſom-
mes ſoigneux de cultiver ce que la
nature nous a donné comme en propre, pourveu que ce ne ſoit pas un
vice ou une imperfeƈtion.

Ne paſſez aucun jour ſans travailler en voſtre Art, ſoit au Deſſein ou à la Peinture : car il eſt im-
poſſible que vous ſoyez habille
homme ſans une infinité d'Aƈtes, &
ſans pratiquer continuellement.

Dans tous les Arts, les preceptes
s'apprennent en peu de temps, mais
la perfeƈtion ne s'acquiert que par
une

longue pratique ; & par une grande diligence : Il ne s'eſt jamais vû que la pareſſe nous ait produit rien de bon.

Les Arts ont tiré leur commencement de la Nature, le beſoin que l'on en à , a donné ſujet aux hommes de rechercher les moyens de s'y rendre habilles par l'exercice qui les perfectionne.

La plus belle & la meilleure partie de nos jours eſt celle du matin, pour ce qui regarde nos ouvrages, parce que l'imagination n'eſt pas offuſquée par la vapeur des viandes, ny diſtraite par les viſites , qui ſe font d'ordinaire l'apreſdinée.

Le plus beau de nos travaux eſt dans les matinées; ſur tout qu'aucun jour ne ſe paſſe ſans travailler, ſoit du Pinceau ou du Crayon. Ce precepte eſt tiré d'Apelles.

La Peinture eſt un Art de longue haleine , & qui ne s'apprend qu'à

C

force de le pratiquer : Michel Lange à l'âge de quatre-vingts ans, difoit qu'il apprenoit tous les jours.

Le Peintre allant à la campagne,
doit eſtre fourny de Tablettes & de
Crayon, pour remarquer les choſes
qu'il voit en eſtre dignes, comme
ont fait le Titien, les Caraches, &
autres bons Maiſtres, comme il ſe
voi t entre les mains des Curieux de
la Peinture, quantité d'Eſtudes &
de Remarques que ſes grands Hommes ont faites ſur des fuëilles &
ſur des Livres en tablettes qu'ils
portoient toûjours ſur eux.

Ie ne parle point icy des premiers
commencemens du deſſein, comme du maniement du Crayon, du
juſte rapport que doit avoir la copie avec ſon original.

Ie ſuppoſe avant que de commencer ſes Eſtudes, que l'on doit avoir
une facilité dans la main, pour imiter les beaux Deſſeins, les beau

Tableaux & la Ronde-bosse : Que
l'on doit enfin avoir la Clef du dessein, pour en profiter selon nos
soins & nostre genie.

Il faut commencer par la Geometrie, parce que c'est le fonde-
ment de la perspective, sans laquelle vous ne pouvez rien faire en
peinture. La Geometrie est encore
tres-utile pour l'Architecture, &
pour tout ce qui en dépend. Elle
est specialement necessaire aux
Sculpteurs.

Dans les premiers principes, les
Estudians n'ont pas tant besoin de
precepte, comme de pratique, & les
Antiques estant la regle de la beauté, l'on peut s'exercer à les imiter,
sans qu'il y ait rien à craindre du
costé des mauvaises habitudes &
des mauvaises idées, qui se peuvent
former dans un jeune esprit.

On a besoin d'avoir l'esprit for-
mé & le jugement meur, pour faire

l'application de ſes regles ſur de
bons Tableaux, & pour n'en prendre que le bon : Car il y en a qui
s'imaginent que tout ce qui ſe trouve dans un tableau d'un Maiſtre
qui a de la reputation , doit eſtre
bon. Ces gens-là ne manquent jamais en copiant de s'attacher aux
mauvaiſes choſes comme aux bonnes,& les remarquent d'autant plus
quelles leurs paroiſſent extraordi-
naires, & en ſuite de s'en faire une
loy & un precepte. Il ne faut pas
auſſi en prendre le bon d'une maniere creuë & groſſiere , en ſorte
que l'on reconnoiſſe dans vos Ouvrages, qne ce qui eſt de plus beau
vient d'aprés un tel Maiſtre ; mais
imitez en cecy les Abeilles qui
vont dans les campagnes cueiller
de chaque fleur ce qu'elles trouvent de plus propre pour en faire le
miel: Ainſi il faut que le jeune Peintre ramaſſe de pluſieurs Tableaux

ce qu'il en trouvera de meilleur, &
que de tout cela il se fasse une maniere qui luy soit propre.

Prenez une certaine grace qui
vous soit particuliere ; Raphaël est
comparable en cela à Apelles, qui
en loüant les Ouvrages des autres,
disoit que cette grace leur man-
quoit, & qu'il voyoit bien qu'il n'y
avoit que luy seul qui l'eust en partage.

Rejettez tous les ornemens Go-
thiques, qui sont des monstres que
les malheureux siecles ont pro-
duits, pendant lesquels, aprés que
la discorde & l'ambition, causées
par la trop grande étenduë de l'Empire Romain, eurent semé la guerre, la peste & la famine par tout le
monde, on vit perir les plus superbes Edifices, & la noblesse des beaux
Arts s'esteindre & mourir. Ce qui
fit pour lors que la Peinture vit
consumer ses merveilles par le feu,

& que pour ne point perir avec elle, on la vit se sauver dans des lieux sousterrains, ausquels elle confia le peu de reste que le sort luy avoit laissé, pendant qu'en ces mesmes siecles la Sculpture s'est veuë si long-temps ensevelie sous tant de ruines avec ses beaux ouvrages & ses statuës si admirables.

L'Empire cependant abbatu sous le poids de ses crimes, ne meritant pas de joüir de la lumiere, se trouva enveloppée d'une nuit affreuse, qui le plongea dans une abysme d'erreurs, & la couvrit des épaisses tenebres de l'ignorance en ces malheureux siecles, pour les punir de leur impieté : D'où vient que de tous les Ouvrages de ses grands Hommes de la Grece, il ne nous est rien resté de leur Peinture, ny de leur Coloris qui puisse aider les Ouvriers, ny dans l'invention, ny dans la maniere.

Aussi ne voit-on personne qui rétablisse la beauté des couleurs, que les Romains nomment Cromatique, & qui la remettent en vigueur au point que l'a porta Zeuxis, lorsque par cette partie, qui est pleine de charmes & de magie : & qui sçait si admirablement tromper la veuë qui se rendit égal au fameux Apelles, le Prince des Peintres, & qu'il merita toûjours la reputation qu'il s'est établie par tout le monde.

Et comme cette partie, que l'on peut dire la fin & le dernier achevement de la Peinture, est une beauté trompeuse, mais flateuse & agreable, on l'accusoit de produire sa sœur, & de nous engager adroitement à l'aimer : Mais tant s'en faut que cette prostitution, ce fard, & cette tromperie l'ayent jamais deshonoré, qu'au contraire elles n'ont servy qu'à sa loüange, & à faire voir fon merite ; il fera donc tres-avantageux de la connoiftre.

La lumiere produit toutes fortes de couleurs, & l'ombre n'en donne aucune, plus un corps nous eft directement oppofé & proche de la lumiere, & plus il eft éclairé ; parce que la lumiere s'affoiblit en s'éloignant de fa fource.

Plus un corps nous eft directement oppofé & proche des yeux, d'au ant mieux fe voit-il, car fa veuë s'affoiblit en s'éloignant des objets.

Il faut donc que les corps ronds, qui font vis à vis en angle droit, foient de couleurs vives & fortes, & que les extremitez tournent en fe perdant infenfiblement & confufément, fans que le clair fe precipite tout d'un coup dans l'ombre, ny l'obfcur tout d'un coup dans le clair ; mais il fe fera un paffage commun & imperceptible des jours

dans les ombres, & des ombres
dans les jours, & c'est conformé-
ment à ces principes qu'il faut traiter tout un groupe de figures,
quoy que composée de plusieurs
parties, de mesme que vous feriez
une seule teste, soit qu'il y ait deux
grouppes, ou mesme trois. Ce qui
sera tout au plus, si vstre composition le demande, & prenez garde
qu'ils soient détachez les uns des
autres : Enfin vous ménagerez si
bien les couleurs, les clairs & les
ombres, que vous fassiez paroistre
les corps éclairez par des ombres,
qui arrestét la veuë, qui ne luy per-
mettent pas si tost d'aller plus loin,
& qui la font reposer pour quelque temps.

Et que reciproquement vous
rendiez les ombres sensibles par un
fond éclairé. Vous donnerez le re-
lief & la rondeur aux corps de la
mesme façon que le miroir comme

vous le montrè, dans lequel nous voyons les figures & toutes les autres choses qui avancent plus fortes & plus vives que le naturel même, & que celles qui tournent soient de couleurs rompuës, comme estant moins distinguées, & plus proches des extremitez qui representent les bords.

Le Peintre & le Sculpteur travaillent donc d'une mesme intention, & avec la mesme conduite, & de mesme dessein.

Car ce que le Sculpteur abbat & arrondit avec le fer, le Peintre le fait de son Pinceau, chassant derriere ce qu'il fait moins paroistre par la diminution & la rupture de ses couleurs, & tirant en dehors par les teintes les plus vives & les ombres les plus fortes. Ce qui est directement opposé à la veuë, comme estant plus sensible & plus distinguée; & enfin mettant sur la toille

nuë les couleurs qu'il empruntera
du naturel, qu'il ne doit voir que
d'un seul endroit & d'un mesme
coup d'œil : en sorte que sans se re-
muer, il semble tourner autour de
la figure qu'il represente.

Quand des corps solides, sensibles au toucher & opaques se trouvent sur des champs lumineux &
transparans ; comme le ciel , les
eaux,& toute autre chose vague &
vuide d'objets differends, ils doivent estre plus aspres & plus mar-
quez que ce qui les environne, afin
qu'estant plus forts par le clair &
l'obscur, ou par les couleurs plus
sensibles ils puissent subsister &
conserver leur solidité parmy ces
especes aërées & diaphanes , &
qu'au contraire les fonds, qui sont
comme nous avons dit , le Ciel, les
nuës & les eaux, estant plus clairs
& plus unis, ils s'en éloignent davantage.

On ne peut pas admettre deux jours égaux dans un mesme Tableau; mais le plus grand frappera fortement le milieu, & y étendra sa plus grande lumiere aux endroits où seront les principales figures, & où se passera le fort de l'action, se diminuant du costé des bords à mesure qu'il en approchera le plus. Et de la mesme façon que la lumiere du Soleil s'affoiblit insensiblement dans son étenduë depuis le Levant jusqu'au Couchant, où elle vient enfin à se perdre. Ainsi la lumiere de vostre Tableau distribuée sur toutes vos couleurs, sera moins sensible, si elle est moins proche de sa source.

L'Experience en est palpable dans les Statuës qui se voyent dans les Places publiques, dont les parties superieures sont plus éclairées que les inferieures. Vous les imiterez donc dans la distribution de vos lumieres.   Evités

Evitez les ombres fortes ſur le milieu des membres, de peur que le trop de noir, qui compoſe ces ombres, ne ſemble entrer dedans & les couper. Cherchez pluſtot à les placer à l'entour, pour relever d'avantage les parties, & prenez voſtre jour ſi avantageux, qu'aprés de grandes lumieres vous trouverrez de grandes ombres : d'où vient que c'eſt avec raiſon que l'on dit du Titien, qu'il n'avoit pas de meillieure regle pour la diſtribution des jours & des ombres, que la grappe de raiſin.

Le Blanc tout pur avance, ou recule indifferemment : il s'approche avec du Noir, & s'éloigne ſans luy, mais pour le Noir tout pur, il n'y a rien qui s'approche d'avantage.

La lumiere alterée de quelque couleur ne manque point de la

D

communiquer au corps qu'elle
frappe, auſſi bien que l'air par
lequel elle paſſe.

Les corps qui ſont enſemble
reçoivent l'un de l'autre la couleur qui leur eſt oppoſée, & ſe
reflechiſſent reciproquement, telle
qui leur eſt propre & naturelle.

Il faut auſſi que la pluſpart des
corps, qui ſont ſous une lumiere
eſtendüe & diſtribuée égallement,
tenant par tout de la couleur l'un
de l'autre. Les Venitiens ayant
en grande recommandation cette
maxime, que les anciens appellent
rupture des couleurs, dans la
quantité des figures, dont ils ont
remplis leurs tableaux, ont
toûjours recherché l'union des
couleurs, depeur qu'eſtant trop
differentes, elles ne viennent in-
terrompre la veuë par leur con-
fuſion, avec la quantité des membres ſeparées par leurs plys, qui

font encore en assez grand nombre, & pour cét effect ils ont peint leur drapperies de couleurs approchantes les unes des autres, & ne les ont presque distinguées, que par la diminution du clairobscur, en accouplant les objets contigus par la participation de leurs couleurs, & en liant ainsi d'amitié les lumieres & les ombres.

Mais il y a de l'espace aërée entre nous & l'objet, & plus l'air est pur, d'autant plus les especes s'en conservent & se distinguent : & tout au contraire plus il y a d'air, & moins il est pur, d'autant plus l'objet se confond & se broüille.

Les objets qui sont sur le devant doivent estre toujours plus finis, que ceux qui sont derriere, & doivent dominer sur les choses, qui sont confondües & fujantes: mais que cela se fasse relati-

vement, c'est à dire, une chose
plus grande & plus forte, enchaf-
fant derriere une plus petite,
& la rendant moins sensible par
son opposition.

Les choses qui font fort éloignées,
bien qu'en grand nombre, ne feront qu'une masse, de mesme que
les feuilles sur les arbres, les flots
dans la mer.

Que les objets qui doivent
estre contigus, ne foient point feparez, & que ceux qui doivent
estre feparez, nous le paroissent,
mais que ce foit toujours par une
agreable & petite difference.

Que jamais deux extremitez
contraires ne fe touchent, foit
en couleur, ou en lumiere, mais
qu'il y ait un milieu participant
de l'un & de l'autre.

Les corps feront par tout dif-
ferents de tons & de couleurs,
que ceux qui font derriere fe

lient & fassent amitié ensemble,
& que ceux de devant soient forts
& petillans.

C'est travailler en vain que de
prendre dans les tableaux un grand
jour de midy , veu que nous
n'avons point de couleurs, qui
puissent y atteindre.

Mais il est plus à propos de
prendre une lumiere plus foible,
comme est celle du soir , dont le
Soleil dore les campagnes , ou
celle du matin, dont la blancheur
est moderée , ou celle qui paroist
aprés une pluye , lors que le Soleil ne nous la donne qu'au travers
des nuages, ou pendant un ton-
nere , que les nuées nous la de-
robent , & nous la font paroistre
rougeastre.

Les corps polis comme font les
cristaux, les metaux, le bois , l'os,
les pierres , ceux qui font couverts
de poil , comme la barbe , les che-

veux, comme auſſi la plume, la ſoye, & les yeux de leur naturel aqueux, & ceux qui ſont liquides, comme les eaux & les eſpeces corporelles, que nous y voyons reflechies; & enfin tout ce qui les touche, & qui eſt aupres d'elles, doivent eſtre beaucoup & uniment peintes par deſſous, mais touchées fierement par deſſus des clairs & des ombres, qui leur conviennent.

Que le champ du tableau ſoit vague, fujant, leger, & bien uny; enſemble de couleurs amies, & faites d'une mixtion dans la quelle entre de toutes les couleurs, qui compoſent l'ouvrage, & que reciproquement les corps participent de la couleur de leur champ, que vos couleurs ſoient vives, & que les parties plus élevées & plus proches de vous, ſoient fortemen empaſtées de couleurs brillantes, & qu'au contraire celles qui tour nent, en soient peu chargées.

Qu'il y ait une telle harmonie
dans les masses de vostre tableau,
que toutes les ombres n'en paroissent qu'une. Que vostre tableau soit tout d'une paste, & fujez tant que vous pourrez de
peindre à sec.

Le miroir vous apprendra quantité de belles choses, que vous re-
marquerez sur la nature, aussi bien
que les objets veüs sur le soir
dans des lieux spacieux.

Peignez le plus tendrement qu'il
vous sera possible, & faites per-
drè insensiblement vos lumieres
larges dans les ombres qui les sui-
vent, & qui les entourent.

Mais pendant que vous vous
efforcez d'eviter un vice, prenez
garde de tomber dans un autre:
car le bien est entre deux extremitez également blamables.

Les choses belles dans le dernier. degré, felon la maxime des anciens peintres doivent avoir du grand, & les contours nobles : elles doivent eftre démeflées pures & fans alteration, nettes & liées enfemble compofées, de grandes parties, mais en petit nombre, & enfin diftinguées de couleurs fieres, mais toutes amies.

Que celuy qui commence ne fe hafte pas tant d'eftudier d'après nature, tout ce qu'il fera, qu'il ne fçache auparavant les proportions, l'attachement des parties, & leurs contours ; qu'il n'aye bien exa- miné les bons originaux, & qu'il ne foit inftruit des douces trompe- ries de l'Art qu'il aura apprifes d'un fçavant maiftre, pluftoft par la pratique, & en le voyant faire, qu'en l'écoutant feulement parler.

Cherchez tout ce qui aide voftre Art, & qui luy convient : fujez tout ce qui luy repugne. Les corps, de diversé nature aggrouppées ensemble, sont agreables & plaisans à la veüe ; aussi bien que les choses, qui paroissent estre faites avec facilité, par ce qu'elles sont pleines d'esprit & d'un certain feu celeste, qui les anime : mais vous ne ferez pas les choses avec cette facilité, qu'aprés les avoir long temps roulées dans vostre esprit : & c'est ainsi que vous cacherez sous une agreable tromperie la peine que vous aura donné vostre Art, & vostre ouvrage.

Que le Soleil soit satisfait au prejudice de toutes sortes de raisons, qui font naistre des difficultez dans vostre Art, qui de soy mesme n'en souffre aucune : & que le compas soit plustost dans les yeux que dans les mains.

Tirez vostre profit des avis des gens doctes, & ne méprisez pas avec arrogance d'apprendre le sen-

timent d'un chacun, qui soit scavant
sur vos ouvrages , car tout le
monde est aveugle dans ses productions : non plus que de retirer
son affection des choses qu'il a
enfantées ; mais si vous n'avez
point d'amy scavant, qui vous ser-
ve de conseil , celuy du temps ne
vous manquera pas, aprés que vous
aurez laissez passer quelque temps
sans voir vostre ouvrage , il vous
en découvrira ingenuement les
beautez & les deffaux. Il ne faut
vous arrester trop facilement au
vulgaire , qui parle souvent sans
connoissance , & n'abbandonnez
pas ainsi vostre genie , pour changer avec trop de legereté ce que
vous avez fait : car celuy qui se
met en teste & se flatte d'une
vaine esperance de meriter l'ap-
probation du peuple, dont les ju-
gemens sont inconsiderez & chan-
geans à toute heure , il se nuit à

soy mesme, & ne plaist à personne.

Le Peintre se doit estudier à se connoistre soy mesme, afin de cultiver les talans, qui font son genie, & qu'il a receu de la nature, & de ne perdre point malheureusement le temps à la recherche de ceux qu'elle luy a refusez.

De mesme que les fruicts n'ont jamais le goust, & les fleurs la beauté qui leur est naturelle, lors qu'ils sont dans un fond étranger, & qu'on les fait avancer plustost que leur saison par une chaleur artificielle. Ainsi vous avez beau peiner vos ouvrages, si c'est malgré vostre genie & contre la pente de la nature, ils ne reussiront is.

En meditant sur ces veritez, en les observant soigneusement, & y faisant toutes les reflections necessaires, que le travail de la main accompagne vostre estude, qu'il

D iiij

la seconde, & qu'il la souftienne, sans pourtant emouffer la pointe du genie, & en abbatre la vigeur par trop d'éxactitude.

La plus belle & la meilleure partie de nos jours, c'eft celle du matin : employez-la donc au travail, qui demande le plus de soin, & le plus d'application.

Qu'aucun jour ne se paffe sans deffigner, ou faire quelques traicts de pinçeau.

Remarquez en tous lieux les airs de tefte, les aptitudes, & les expreffions naturelles, qui feront d'autant plus libres, qu'elles feront moins obfervées.

Soyez prompt à mettre fur vos tablettes tout ce que vous en jugerez digne, foit fur la terre, dans l'air, ou fur les eaux, pendant que les efpeces en demeurent encore fraifches dans voftre efprit.

Le vray Peintre ne se plaift pas

dans

dans le vin, ny dans la bonne
chere, si ce n'est, afin que son esprit épuisé par le travail, luy demande un peu de relasche dans la
conversation des amis, où elle
prend une nouvelle vigueur. Elle
ne se plaist pas non plus dans
l'embarras des affaires, ny des
procés : mais dans laliberé du ce-
libat. Elle s'éloigne autant qu'elle
peut du bruit & du tumulte, pour
jouir du repos de la campagne,
parce que dans le silence on est
plus disposé à s'appliquer fortement au travail, & à produire
des idées, qui demeurent toûjours
presentes, jusqu'à la fin de l ouvrage, dont on embrasse le tout ensemble plus commodément.

Que l'avarice ne loge jamais
dans vostre ame, vous contentant
pluftost d'une fortune mediocre, &
ne songez qu'à vous acquerir pour
toute recompense de vos beaux

ouvrages , un renom glorieux, qui
ne perira qu'avec les fiecles.

Les qualités d'un excellent
Peintre , font , d'avoir le jugement bon , l'efprit docile , le cœur
noble , le fens fublime , de la fer-
veur , de la fanté , de la jeuneffe
de la beauté , la commodité de
biens , le travail , l'amour pour
fon Art , & d'eftre fous la difci-
pline d'un bon maiftre. Et quelque
fujet que vous puiffiez choifir,
ou que le hazard & la bonne
fortune vous prefentent , fi vous
n'avez le genie, ou l'inclination
naturelle, que demande voftre Art,
vou ne parvienderay jamais à fa
perfection avec tous ces grands
avantages, que je viens de dire :
car il y a bien loin de fe par-
faire la main à cette forte d'intel-
ligéce, que donne une heureufe naif-
fance, & un beau genie.

Courage donc , chers enfans,

qui eſtes nés ſous l'influance d'un
aſtre bening, vous qu'elle échau-
fe de ſon feu , qu'elle attire à l'A-
mour de ſa ſcience, & qu'elle a
choiſie pour ſes nourriſſons : em-
ployez avec ioye les forces de
voſtre eſprit pour un Art, qui les
demande toutes ; pendant que la
jeuneſſe vous les fournit,& y donne de la pointe & de la vigeur :
pendant que voſtre eſprit eſt pur
& vuide de toute erreur, n'ayant
encore aucune mauvaiſe teinture,
& que dans la paſſion de la nou-
veauté des choſes, il ſe rempliſt
des premieres eſpeces, qui ſe pre-
ſentent, & les donne en garde à
la memoire, qui dans ſa premiere
humidité les conſerve plus long-
temps.

Pour bien faire, vous commen-
cerez par la Geometrie, & aprés
en avoir appris quelque choſe, ap-
prenez à les mettre en perſpec-

tive, fans la quelle vous ne pouvez
pofer une figure en fa place dans
voftre tableau; aprés cela mettez-
vous à deffigner d'aprés les antiques grecques; & ne vous donnez
point de relafche, qu'auparavant
vous ne vuos foiez acquis par une
continuelle pratique une habitude
facille de les imiter dans leurs in-
ventions & dans leur maniere.

Et enfuite lors que le jugement fera fortifié, & fera parve-
nu à fa maturité par les années,
il fera tres-bon de voir & d'exa-
miner l'un aprés l'autre, & partie à partie par un ordre fuivy de
la maniere que nous avons dit cy-
devant, & felon les regles, que nous
en avons donné, les ouvrages
qui ont tant donné de reputation
aux maiftres de la premiere claffe,
comme font les Romains, les
Venitiens, les Parmefans, & les
Bolonois: parmy tous ces excellens

hommes, Raphael a eu en partage
l'invention, qui luy a fait faire autant de miracles, que de tableaux
dans lesquels on remarque une
certaine grace, qui luy estoit particuliere & naturelle : & que personne depuis ne s'est jamais pût
rendre familiere. Michel Lange
a possedé puissamment le dessein
par dessus tous les autres.

Iules Romain élevé dés son en-
fance dans le pays des Muses,
nous a ouvert le tresor du Par-
nasse, & par une Poesie peinte
il a découver à nos yeux les
misteres d'Apollon, & tous les ornemens les plus rares, que ce Dieu
est capable de communiquer aux
ouvrages qu'il inspire, ce que
nous ne connoissions jusqu'à lors
que par le recit, que nous navoient
fait les Poetes. Il semble avoir
peint avec plus de noblesse & de
magnificence, que la chose mesme

n'en avoit aux siecles passez, les
furieuses guerres que la fortune
toute puissante des Heros a finie,
en les faisant triompher des testes
couronnées , & les autres grands
& illustres évenemens, qu'elle a
causée dans le monde , le cortege
s'est rendu recommendable pour
avoir donné de la force & de la
vigueur à ses figures, sans y mettre
d'ombre, qu'au tour, encore sont-
elles si bien mélées, & confondües
avec leurs clairs, qu'elles en sont
presque imperceptibles, il est encore unique dans sa maniere de
peindre , & dans la facilité, qu'il
a eüe a manier les couleurs. Et
le Titien a si bien entendu l'union,
les masses, & les corps des couleurs : l'harmonie des tons, & la
disposition du tout ensemble, qu'a-
vec le nom divin il a merité d'estre
comblé d'honneurs & de biens.

Le soigneux Hannibal a pris

de tous ces grands hommes , ce
qu'il en a trouvé de bon , dont
il a fait comme un prix qu'il a con-
verty en sa propre substance.

C'est un grand moyen de profiter beaucoup , que de copier
avec soin les excellens tableaux ,
& les beaux desseins : mais la nature presente devant les yeux ,
vous en apprendra encore davantage : parce qu'elle augmente la
force du genie : & c'est d'elle
que l'Art tire sa plus grande perfection, par le moyen de l'experience. Ceux qui veulent faire
profession de la Peinture s'entre-
tiendront quelque fois à la lecture
des bons livres, où ils trouveront
de merveilleux moyens de s'élever
infiniement au dessus des autres ,
qui ne font que ramper sur la
terre, ou s'ils s'élevent, ce n'est que
pour tomber de plus haut, puisqu'ils se servent des aisles d'au-

E iiij

truy, dont ils ne fçavent point l'u-
fage, ny la force.

Les livres qui font propres aux
Peintres, font la Bible, l'Hiftoire
des Iuifs, de Iofeph, l'Hiftoire
Romaine, le Tite Live, Homere,
l'Hiftoire Ecclefiaftique de Gode-
au, Baronius, les Metamorphofes
d'Ovide de Durier, les tableaux
de Philoftrate, Plutarque des
hommes illuftres, Paufanias, la
religion des Romains, la Colomne Trajane, les livres de medailles, les bas Reliefs de Perier,
Horace, certains Romans capa-
bles d'entretenir le genie, & de
le fortifier par les belles idées,
qu'ils donnent des chofes.

Le Peintre peut encore fe fervir, quand il en aura befoin de la
Mitologie des Dieux, les images
des Dieux, l'Inconologie, les Fa-
bles d'Hyginus, la perfpective
pratique, Leonard de Vinci,

Paul Lomasse, Iean Baptiste Ar-
meniny, Franciscus Iunius, le Sieur
de Cambray, Monsieur Felibien
sur le tableau d'Alexandre de la
main de Monsieur le Brun.

Voila a peu prés la bibliotheque
d'un Peintre qu'il doit lire souvent,
à moins qu'il ne veuille se conten-
ter de posseder la peinture, comme le plus sale de tous les Mé-
tiers, & non comme le plus noble de tous les Arts. Il appartient au Peintre seul de sçavoir
l'œconomie du tout ensemble, car
tous les autres sont empruntez,
ou des lettres, ou de la Medecine,
ou des Mathematiques, ou enfin
des autres Arts : car il suffit d'a-
voir de l'esprit & des lettres pour
faire une tres-belle invention. Pour
dessigner, il faut de l'anatomie;
un Mathematicien mettra fort bien
les bastimens, & autres choses en
perspective, & les autres Arts

apporteront de leur costé, ce qui
est necessaire pour la matiere d'un
tableau: mais pour l'œconomie du
tout ensemble, il n'y a que le Peintre seul qui l'entende, parce que
la fin du Peintre est de tromper
agreablement les yeux : ce qu'il
ne fera jamais, si cette partie luy
manque. Vn tableau peut faire un
mauvais effect, lequel sera d'une
scavante invention , d'un dessein
correct , & qui aura les couleurs
les plus belles, & les plus fines :
& au contraire on en peut voir
d'autres mal inventez , mal des-
signez, & peints de couleurs les
plus communes , qui feront un
tres-bon effect, & qui tromperont
beaucoup d'avantage par l'ordre,
que le Peintre y a tenu ; c'est
proprement le precepte, & l'application de tous les autres , c'est
pourquoy il demande beaucoup
de jugement , il faut donc telle-

ment prévoir les choses, que vôtre tableau soit peint dans vostre
teste, devant que de l'estre sur la
toile.

Il est certain que ceux, qui ont
cette prévoyance, travaillent avec
un plaisir & une facilité incroyable,
& les autres au contraire ne font
que changer, & rechanger leurs
ouvrages, qui ne leur laisse au-
bout du conte, que du chagrin.

On peut inferer de ce qui est dit,
que l'invention, & la disposition
font deux parties differentes : en-
effect, quoy que la derniere de-
pende de l'autre, & qu'elle y soit
communemént comprise, il faut
ce pendant bien se garder de les
confondre. L'invention trouve
simplement les choses, & en fait
un choix convenable à l'histoire
que l'on traite : & la disposition
les distribue chacune à sa place,
quand elles sont inventées : & ac-

commode les figures & les ag-
groupe en particulier, & le tout
enfemble du tableau en general ;
enforte que cette œconomie produit le mefme effect pour les yeux,
qu'un concert de mufique pour
les oreilles. Il y a une chofe de
tres-grande confequence à obfer-
ver dans l'œconomie de tout l'ouvrage, c'eft que d'abord l'on re-
connoiffe la qualité du fujet, &
que le tableau du premier coup
d'œil, en infpire la paffion princi-
pale : par exemple, fi le fujet que
vous avez entrepris de traiter, eft
de joye, il f que tout ce qui
entrera dans voftre tableau contri-
bue a cette paffion, enforte que
ceux qui le verront en foient auffitoft touchez, fi c'eft un fujet lugu-
bre, tout y reffentira la trifteffe,
& ainfi des autres paffions & qualités des fujets.

Prenez garde, que vos licences
foient

soient plustost pour orner l'histoire, que pour la corrompre.

Mesure du corps humain

LE corps humain a huict testes
en sa figure, quoy que quelques-unes n'en ayent que sept, on divise la figure ordinairement en
dix faces, sçavoir depuis le sommet de la teste, jusqu'à la plante
des pieds, en la maniere qui en-
suit. Depuis le sommet de la teste jusqu'au front est la troisiéme
partie de la face.

La face commence à la naissance des plus bas cheveux, qui sont
sur le front, & finit au bas du
menton.

La face se divise en trois parties
égalles ; la premiere contient le
front, la seconde le nez, la troisiéme la bouche, & le menton.

Depuis le menton à la fossete

E

d'entre les clavicules, deux longueurs de nez.

De la fossette d'entre les clavicules au bas des mamelles, une face.

Du bas des mamelles au nombril, une face.

Du nombril aux genitoires, une face.

Des genitoires audessus du genoüil, deux faces.

Le genoüil contient une demy-face.

Du bas du genoüil au coude-pied, deux faces.

Du coude pied au dessous de la plante, demy face.

L'homme estendant les bras, est du plus long doigt de la main droite à celuy de la main gauche, aussi large qu'il est long.

D'un costé des mamelles à l'autre, deux faces.

L'os du bras nommé Humerus

est long de deux faces, depuis l'épaule au bout du coude.

De l'extremité du coude à la premiere naissance du petit doigt l'os appellé Cubitus, avec partie de la main contient deux faces.

De l'emboiture de l'Omoplate à la fossette d'entre les clavicules, une face.

Le dessous du pied est la sixiéme partie de la figure.

La main est la longueur d'une face.

Le poulce contient un nez.

Le plus long doigt du pied a un nez de long.

Les deux bouts des tetons, & la fossette d'entre les clavicules de la femme, font un triangle, equilateral.

Si vous voulez plus en detail les proportions, voyez les dans Paul Lomasse.

Du meſlange des couleurs.

L'Effect d'un tableau ne vient donc pas ſeulement du clair-obſcur, mais encore de la nature des couleurs, nous dirons icy les qualitez de celles, dont on ſe ſert ordinairement, que l'on appelle couleurs capitales ; parce qu'elles ſervent à faire la compoſition de toutes les autres, dont le nombre eſt infiny.

L'Ocre de Rut eſt une couleur des plus peſantes.

L'Ocre jaune ne l'eſt pas tant, parce qu'il eſt plus clair.

Et le Maſſicot eſt fort leger, parce que c'eſt un jaune tres-cher, & qui approche fort du Blanc.

L'Outremer, ou Aſur, eſt une couleur fort legere & fort douce.

Le Vermillon eſt entierement oppoſé à l'Outremer : la Laſque

est un milieu entre l'Outremer &
le Vermillon, encore plus douce
que rude.

Le Brun rouge est des plus
terrestres & des plus sensibles.

Le Styl de grain est une couleur
indifferente, & fort susceptible
des qualités des autres couleurs
par le meslange, si vous y meslez
du Brun rouge, vous feray une
couleur des plus terrestres : mais
si au contraire vous le joignez
avec le Blanc, ou le Bleu, vous en
auray une couleur des plus fuyan-
tes.

La Terre-Verte est legere, elle
est un milieu entre l'Ocre jaune
& l'Outremer.

La Terre d'Ombre est extreme-
ment sensible & terrestre, il n'y a
que le Noir extreme, qui luy puisse disputer.

De tous les Noirs celuy-la est
le plus terrestre, qui s'éloigne le

plus du Bleu.

Selon le principe que nous avons establi du Blanc & du Noir, vous rendrez chacune de ces couleurs, que je viens de nommer, d'autant plus terestre, & plus pesante, que vous y joindrez de Noir, & d'autant plus legere, que vous y meslerez de blanc.

Pour ce qui est des couleurs rompües ou composées, on doit juger de leurs force par celle des couleurs, qui les composent, tous ceux qui ont bien entendu l'accord des couleurs, ne les ont pas employées toutes pures dans leurs draperies, sinon dans quelque figure sur la premiere ligne du tableau: mais ils se sont servis de couleurs rompues & composées, dont ils ont fait une musique pour les yeux, en meslant celles, qui ont quelque sympatie les unes avec les autres, pour en faire un

tout, qui aye de l'union avec les couleurs, qui luy sont voisines, le Peintre qui a la connoissance de la force de ses couleurs sçaura qu'un
corps doit en faire fuir tellement
un autre, qu'il puisse estre luy-mes-
me chassé par ceux, qui sont avan-
cez sur le devant, il faut fuir les
extremitez contraires & chercher
les couleurs, qui ont amitié ensemble, & celles qui sont incom-
patibles : ce que l'on pourra aisé-
ment découvrir, en meslant ensemble les couleurs, dont on veut faire épreuve : & si par ce meslange
elles font une couleur douce, &
qui ne soit point desagreable à la
veüe c'est une marque qu'il y a
de l'union & de la simpatie entre-
elles, & au contraire si la couleur
qui sera produite du meslange de
deux autres, est rude à la veuë,
c'est à dire qu'il y ait contrarieté &
antypathie entre ces deux couleurs.

F iiij

Le Vert est une couleur agreable, qui peut venir du Bleu & du jaune meslés ensemble, dont le bleu & le Iaune sont deux couleurs, qui simpatisent : & tout au contraire le meslange du bleu & du Vermillon produit une couleur aigre & desagreable & partant ent antipatye ensemble, & ainsi des autres couleurs, dont vous pouvez faire essay, & vous esclaircir une fois pour toutes. Venons maintenant aux carnations chacun en son particulier, pour s'en servir à la Peinture à l'huile.

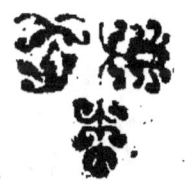

LES COULEURS
Pour la Miniature, &
premierement pour les
fonds, ils sont composez
de Bisto & Terre d'Om-
bre, ou Terre de Cologne,
avec un peu de Noir &
de Blanc.

Fonds verdastre.

Ceux cy sont plus en usagé pour les portaits sans avoir besoin de pointiller du Noir du Stille de grain & du Blanc.

Pour une gloire.

Premierè couche avec du Blanc
de l'Ocre meflé enfemble., finis
de Pierre de fiel & de Carmin.

Fond d'horifon.

Vermillon, ou Mine de plomb,
& B'anc l'on acheve avec un peu
de fiel & de Blanc jufques aux
extremitez.

Pour les nuages.

Du Vermillon, de la Pierre de
fiel, du Blanc avec un peu d'Inde,
& s'ils font plus Noirs, il y faut
mefler de cette derniere, faifant
les jours des uns & des autres
de Mafficot, de Vermillon, de
Blanc plus ou moins de l'un ou
de l'autre.

Fond d'un ciel de nuict.

Le ciel de nuict, ou d'orage, se fait avec de l'Inde, du Blanc & un peu de Noir, ensemble qu'on couche comme le ciel du jour, dans ce meslange du Vermillon, ou de la Mine de plomb pour faire les nuages, dont les jours doivent estre de Massicot de Mine & de Blanc, tantost plus rouge, tantost plus jaune, & lors-que c'est un ciel d'orage dans de certains endroits l'on voit des clairs, soit de bleu, ou de rouge, on les fera comme des ciel de jour.

Draperie couleur de chair.

Meslez du Blanc du Vermillon & de la Lasque, faire un ombre de la mesme couleur fort tendre, qui n'est propre qu'au

etoffes legeres , dont les ombres
n'en doivent pas estre obscurs.

Draperie noir & blanc.

En semble pour finir plus fort
un peu d'Inde.

Draperie blanche de laine.

On mesle avec du blanc tant soit
peu d'Ocre d'Orpin, ou de pierre
de fiel , afin qu'il paroisse un peu
plus iaunastre, faut finir les ombres
avec du bleu du Biste, & un peu
de Noir & du blanc.

Le coloris blanc.

Esbauchez avec du Noir & du
Blanc , & l'on finit avec la mesme couleur plus fore.

Draperie minime.

Vne couche de biste & de blanc,
un peu de brun rouge ombrant
de la mesme couleur plus forte.

Draperie changeante.

Couche d'Outremer & de blanc
fort palle sur les clairs & les ombres de Carmin, d'Outremer, &
de blanc, il faut pointiller un peu
de Violet ; on liera beaucoup de
blanc, pour faire perdre dans les
ombres.

Draperies sales.

Comme le brun rouge se fait
de biste & de l'Inde.

Draperies de linge.

Meslange d'Outremer, de Noir, &
de blanc couché , il faut faire

G

quelque teinte jaunaſtre d'Orpin, de blanc en de certains endroits, les couches legeres comme une eau, enſorte que ce qui eſt deſſous paroiſſe.

Pour faire le point de France.

Couchez du bleu, du Noir, & du blanc, enſemble, on releve les fleurs de blanc pur, on ombre de la premiere couleur.

Fourure brune.

Couche de biſte, blanc, faiſant les ombres de meſme couleur, plus forte ſi elle eſt blanche, du bleu, du blanc, & un peu de biſte, & lors que voſtre ébauche eſt faite, au lieu de pointiller, il faut tirer un petit traiɛ̃t, tantoſt d'un coſté, tantoſt de l'autre, du ſens que va le poil, on releve les jours

de la brune avec de l'Ocre, &
du blanc, & de l'autre avec du
blanc & du bleu.

Pour faire une couleur d'Architecture de pierre.

On prend de l'Inde, du bifte,
& du blanc, & l'on ébauche, &
pour l'ombrer, l'on met moins
de blanc & plus de bifte, felon
la couleur des pierres.

Quand l'on veut faire une couleur plus forte ou moindre, felon
la couleur de la pierre, on y peut
mefler de l'Ocre pour l'ébaucher
& pour finir, mais pour les faire
plus belles, il faut par-cy par-la,
fur tout quand ces vieilles mafures font des teintes jaunaftres
& bluaftres, d'Ocre, d'Outremer,
y meflant roujours du blanc,
foit avant que d'ébaucher, pourveu qu'il paroiffe au travers de l'é.

bauche, foit par deſſus, en faiſant perdre avec le reſte, lors que l'on finit.

Quand l'Architecture eſt de bois.

Comme il y en a de pluſieurs ſortes, on les fait à diſcretion, mais la plus ordinaire, eſt d'ébaucher avec de l'Ocre, du biſte, & du blanc, & finir d'Ocre, & de biſte, & fort peu de blanc, ſi les ombres ſont forts, avec du biſte tout pur, à d'autres l'on adjôuſte tantoſt du Vermillon, tantoſt du Vert, ou du Noir : en un mot ſelon la couleur que l'on veut donner, puis l'on finit en pointillant.

A faire couleur de roche.

Du blanc, du bleu, Ocre jaune , Lacque , Terre d'ombre, finy, couché de plus fort en plus fort, relevé d'une couleur bleüaftre.

Autre couleur de pierre.

Prenez Lacque , Ocre, Terre d'ombre, & blanc, couché clair finiffant de Terre d'ombre & de Noir , relevé d'une couleur jaunaftre.

Autre couleur de pierre.

Prenés du blanc , Vermillon, Ocre , Terre d'ombre , couchez clair finiffant plus fort , relevant d'une couleur rougeaftre de Mine meflez de blanc , parmy un peu de la premiere couleur , qui eft la premiere couche.

G iij

Couleur de bois:

De l'Ocre, Terre d'ombre, brun rouge, blanc, couchez clair, finiſſant plus bruns.

Couleur de colomne

Du blanc, du bleu, de la Lacque, du Noir, couchez clair, finiſſant plus brun, relevant de blanc, de bleu, de Lacque.

Teinte de pierre.

De l'Ocre, brun Rougé, blanc, Terre d'ombre, couchez clair, finiſſant plus brun, & relevez, de ce que l'on veut;

Autre teinte de pierre.

Du blanc, de l'Ocre, du Ver-

millon , peu de Terre d'ombre ,
& finissant , on y en mettra davantage.

Couleur à dorer.

Prenez du saffran , de la Lacque,
du Vert de Vessie , meslez ensemble.

Carnations pour les femmes & les enfans.

Pour tous les Coloris tendres,
prenés une couhe de blanc ,
meslé avec un peu de bleu , qui
ne parroisse presque point.

Carnations pour l'homme.

Prenés du bleu , un peu de Vermillon , s'il est vieux; on y mesle
de l'Ocre.

G iiij

Teinte Iaunaſtre.

De l'Ocre, ou de l'Orpin, un peu de Vermillon, meſlé de blanc.

Meſlange de biſte, meſlé d'Orpin d'Ocre, ou de Vermillon, quelque fois tout pur, ſelon le Coloris que l'on veut faire ; il faut pointiller ſur les clairs, avec un peu de Vermillon, ou de Carmin meſlés de blanc, & peu d'Ocre, pour faire mourir les teintes.

Quand le meſlange fait l'un, ou l'autre rouge, il y faut adjouſter des teintes bleües fort palles : on y peut mettre un peu de Verr, prenant garde neantmoins de travailler ſur les autres couleurs gommées.

Pour les Carnations.

Du blanc, de l'Ocre du Noir

d'ivoire , du Vermillon , de la Lacque couche brune , relevés de plus clair en plus clair , y meflant plus de Vermillon & de blanc.

De la Terre d'ombre , du brun rouge , peu de Noir d'ivoir, de l'Ocre , du Iaune , du Fiel , de la Lacqne , du blanc, couche brune , relevés de blanc, d'Ocre , & un peu de brun rouge.

De la Lacqne , Terre d'ombre, du Noir, du Vermillon , & du blanc.

De la Lacque , du Fiel, du brun rouge , du Vermillon , du blanc , couche brune , relevés de plus clair en plus clair.

Les prunelles des yeux se font avec le meflange d'Outremer, de blanc , un peu de bifte; si elles font jaunaftres, un peu de Noir , si elles font grifes, on les ombre d'Inde , & de bifte, ou de Noir , felon la couleur dont elles font.

Il faut ombrer le blanc des yeux, avec ce mefme bleu, avec un peu de couleur de cher, & faire les coins du cofté du nés avec du Vermillon, & du blanc, & donner quelque coup de Carmin, on adjoufte tout ce meflange, de Vermillon, de Carmin, de blanc, & un peu d'Ocre plus tendre que fort.

On fait de bifte, & de Carmin, le tour des yeux, des fortes paupieres, qu'il faut adoucir avec un peu de Vermillon, de blanc, & de bleu.

Les Sourcils, & la barbe, s'ébauchent, comme les ombres des Carnations, on les finit avec du bifte, de l'Ocre, du Noir, que l'on tire par petits traits, comme il doit aller, c'eft à dire qu'il faut leur donner le tour naturel du poil.

Pour les cheveux.

L'on fait une couche de biste, d'Ocre, & de blanc, & un peu de Vermillon, & quand ils sont bruns, il faut du Noir, au lieu de l'Ocre; l'on ombre avec les mesmes couleurs, y mettant moins de blanc, , & l'on finit de biste pur, on mesle avec de l'Ocre, ou du Noir, par petits traits fort delicats, aussi relevés les clairs avec l'Ocre, ou de l'Orpin, du blanc, & un peu de Vermillon.

Et pour les cheveux au tour du front, au travers des quels on voit la chair, il les faut ébaucher de la couleur des carnations, on les finit de biste, on ébauche les cheveux gris avec du blanc, du Noir, du biste, on finit de la mesme couleur plus fort, on releve de blanc, & de bleu fort palle.

Couleur d'un mort

Il faut faire la premiere couche
de blanc, d'Orpin, ou d'Ocre:
& l'ébauche avec du Vermillon,
& de la Lacque affés palle tra-
vaillant par deffus, dans la quelle
il y aura plus de bleu, que d'autre couleur, afin que la chair
paroiffe plus livide & pourpreufe,

Les teintes fe font de mefme
qu'à un autre coloris, mais il
faut, qu'il y ait beaucoup plus de
bleu, que de Iaune, particulierement de dans & au tour des yeux,
& que fes dernieres ne foient que
parties, qui approchent le plus des
premieres, on les fait mourir les
uns dans les autres, de la maniere
ordinaire, tantoft avec du bleu
fort palle, tantoft avec de l'Ocre,
& du blanc, adouciffant le tout
enfemble, on arondit les contours.

avec

avec la mesme couleur.

Bouche de mort.

La bouche doit tirer sur le Violet , on ne laisse pas de l'ébaucher avec un peu de Vermillon, de l'Ocre , du Blanc , puis on finit avec de la Lacque & du Bleu, & pour y donner les coups de force, on prend du Biste , de la Lacque , dont on fait aussi ceux des yeux , du nés & des oreilles.

Pour representer une couronne d'épine.

Il faut faire une couche de Vert de mer , & de Massicot, l'on ombre de biste , & on rehausse les clairs de massicot.

Le fer s'ébauche avec du blanc de l'Inde , & du Noir de char bon , & finy de la couleur plus forte.

Pour faire du feu de flamme.

L'on fait les jours de Maſſicot, & d'Orpin , & pour ombrer, on y meſle du Vermillon & du Carmin.

Couleur de fumée.

Vne fumée ſe fait d'Inde , & de Noir , avec du Blanc , & quelque fois du Biſte , on y peut mettre du Vermillon , ou de l'Ocre, ſelon la couleur qu'on la veut repreſenter.

Des perles.

On peint les perles y mettant une couche de Blanc , & un peu de Bleu, on les ombre & les aron-

dit avec la meſme couleur plus
forte , un petit poinct Blanc environ le milieu du coſté du jour,
& de l'autre coſté un ombre , & à
l'extremité de la perle, on donne
un coup de Maſſicot pour faire la
reflection.

Couleur de diamans.

On peint les diamans de Noir
tout pur , puis on les rehauſſe par
des petits traicts de Blanc , du
coſté du jour.

Payſages.

Il faut ébaucher vos terraſſes
les plus proches , qu'elles doivent
eſtre, brunnies avec du Vert de
Veſſie, ou d'Iris, du Biſte, & un
peu de Vert de montagne , pour
donner du corps à la couleur.

Pour celles qui ſont un peu plus

esloignées on fait une couche d'Ocre & de Blanc, puis on ombre avec du Biste, & à quelques-unes on mesle un peu de Vert pour les ombres.

Il se trouve quelque fois sur les devans de certaines terrasses rougeastres, qui s'ébauchent avec du brun rouge, du Blanc, un peu de Vert finissant de mesme, y mettant un peu plus de Vert.

Pour peindre les herbes & autres feüillages.

Sur les terrasses les plus proches, il faut aprés qu'elles sont finies les ébaucher de Vert de mer, ou de Vert de montagne, & pour celles qui sont iaunastres, y mesler du Massicot, en suitte on ombre avec du Vessie, ou d'Iris, ou de Biste, & de la pierre de fiel, si l'on veut qu'ils paroissent mortes.

Les terrasses, qui font plus éloignées, s'ébauchent de Vert de montagne, on les ombre & acheve de Vert de veſſie, y adjouſtant un peu de Biſte, pour donner des coups par-cy par-la.

Celles qui s'éloignent davantage ſe font avec du vert de mer, & un peu de Bleu enſemble, ils s'ombrent de Vert de montagne,

Des Rochers.

Les Rochers s'ébauchent comme l'Architecture de pierre, excepté cu'on meſle un peu de Vert, pour l'ébauche & pour les ombres, l'on y fait une teinte jaune & bleüe, qu'il faut perdre avec le reſte, en finiſſant : & lors qu'il y a des petites branches, des feuilles, de la mouſſe, où de l'herbe, quand tout eſt finy, on releve pardeſſus avec vert, & du Maſſicot, &

l'on peut faire de Iaune, de vert,
& rougeaftre pour paroiftre comme ils font.

Les Chafteaux, les vieilles mafures, & autres baftimens de pierre & de bois, fe font de mefme
que l'Architecture, lors qu'ils font
fur le premier enfoncement, fur
la premiere ligne, qui eft le devant du tableau, mais quand on
les veut faire paroiftre éloignées,
il y faut mefler du Brun rouge,
du vermillon, avec beaucoup de
Blanc : que l'on ombre tendrement, plus il s'éloigne, moins il
faut que les traicts paroiffent.

Pour la feparation de la cou-
verture, elle eft ordinairement
d'ardoife, l'on fait un peu plus
brun, que le refte ébauche d'arbres,
qui approchent du vert de montagne, y meflant quelquesfois de
l'Ocre, & l'on ombre de mefme
couleur, y adjouftant plus fort

de vert, l'on rehausse les jours de vert de montagne, & de Massicot, lors qu'il y a des branches, ou des feüilles seches, on ébauche de brun rouge, ou de pierre de fiel, avec du blanc, & finy de pierre de fiel, ou du biste.

Le tronc des arbres, doit estre ébauché d'Ocre, de blanc, & un peu de vert : pour les clairs, & pour le brun, l'on fait un meslange de Noir, & d'ocre, avec lequel on ombre les uns & les autres, y adjoustant du biste, & de vert, l'on y fait aussi des teinte jaunastres & bleües, & l'on donne par-cy par-la quelque coup de blanc, ou de massicot.

Fond pour les fleurs.

Rose rouge, blanche, & jaune, Tulipes, Anemones, Oeillers, Martagons, prenez Mine, vert

de montagne, Gris de lin rouge,
ou palle, ou blanc, Vert de mer,
Hyacinte bleüe, brune, ou palle,
Gris de lin ou blanc Vert de montagne, & Maſſicot, Pione, fait de
Lacque, & de Blanc, aſſez forts
Vert de mer, prime Vert, Violet
fort palle, Gris de lin blanc &
jaune, Vert de montagne, &
Maſſicot, Reuoucule de pivoine,
l'Orange, Vert de montagne, &
Maſſicot; le Crocus jaune, &
Violet, vert de montagne, l'Iris,
blanc, & violet, Vert de montagne, Iaſſemin blanc, Vert de
mer.

Tubereuſe blanche, Vert de
montagne, l'Eſlebore blanc, Vert
de montagne, le Lys blanc Vert
de mer, le Perſe neige blanc, Vert
de mer, Ioncquilles jaunes, Vert
de mer, Soucils jaunes & rou-
geaſtres, Vert de montagne.

Roſes jaunes, Vert de montagne,

Oeillets jaunes, Vert de montagne,
Soleil jaune, Vert de montagne,
Passe rose rouge, Vert de mer,
Oeillets de poete, Vert de mer,
Pensées de mignardise rouge Vert
de mer, Scabieuse rouge & violette, Vert de montagne, Scabio-
le rouge palle, vert de montagne,
Le patique rouge palle & bleu,
vert de montagne, Grenade rouge vert de montagne, la Fleur
de febve d'Inde rouge, Vert de
montagne, Encolie violet & gris-
delin & rouge, vert de mer, la
Violette, vert de mer, la pen-
sée, vert de mer, le Musipula
blanc, ou rouge Vert de mer,
l'Imperiale jaune, rouge. ou orange Vert de mer, Siclament rouge,
blanc, & bleüastre, vert de montagne, la Giroflée blanche, jaune,
violette ou rouge, vert de montagne. Gros comme une noix de
gomme, dans un verre & demy

d'eau ; & demy once de sucre candie blanc , vous gommerez peu le blanc , point de sucre candie, la Cendre bleüe de mesme ; vous ne gommerez point le Stil de grain, ny Ocre : on gomme le Massicot, & Iaune de Naples., de mesme maniere que le Blanc , toutes les autres couleurs que vous gommerez beaucoup , le Bleu sans sucre, & gommerez beaucoup , comme les Bruns rouges , il ne faut que du sucre dedans la gomme gutre , comme dans le Vert de vessie, & d'Iris quand il est vieux. Vous emploirez le Vert de vessie , avec l'Outre-mer d'Holande , le Massicot s'employe , comme le Iaune de Naples.

Valeur des Couleurs.

Demy livre de blanc.   20 s.
Vne once d'outremer d'holláde 6 s.

Vne once de cendre bleüe   6 s.

Vne once de cendre verte   10 s.

Vne once de massicot blanc   3 s.

Vne once de vert de montagne 4 s.

Vne once de vert de vessie   8 s.

Vne once de stil de grain   6 s.

Du noir d'ivoire   3 s.

Vn gros de carmin   4 l.

Vne once de lapis   3 l.

Pierre de fiel   10 s.

Gomme d'arabie le cartron   4 s.

De l'Inde pour   3 s.

De l'ocre palle   1 s.

De l'ocre de ruel   1 s.

Du brun rouge   1 s.

Du vermillon   5 s.

Deux pains de tournelol   5 s.

Du saffran   5 s.

Gomme gutte   5 s.

On trouve ces couleurs, chez Monsieur Badrouleau, Espicier à la porte de Paris.

Chez Monsieur Desarmes aux Carneaux se trouve de la Lacque

Colombine l'once   6 f.
De l'or palle un gros   30 f.
Vn gros d'argent   30 f.

    Les pinceaux se trouvent chez Monsieur Prudhomme fauxbourg saint Antoine.

DES COV-

DES
COULEURS
QU'IL FAUT
POUR LA PEINTURE
à l'Huile, & la maniere de
les preparer.

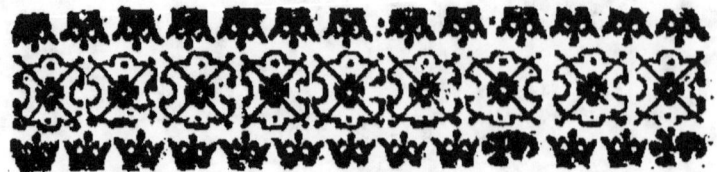

DES
COULEURS
QU'IL FAUT
POUR LA PEINTURE
à l'Huile, & la maniere de
les preparer.

Les Couleurs.

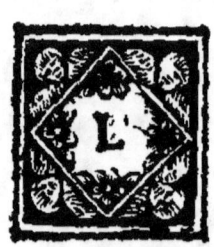 E blanc de plomb.
Locre jaune.
Vermillon.
Lacque de Venize.
Lacque commune
Azur fine.
Azur commune.
Cendre d'azur.

A ij

Cendre fine.
Cendre verd.
Verd de gris.
Verd calfiné fe broye avec Vinai-
gre.
Verd de Montagne.
Verd de terre.
Terre verd.
Terre d'ombre.
Terre de Cologne.
Machicot blanc.
Machicot doré.
Verd de Veffie.
Ocre de Rueul.
Brun rouge.
Bifte.
Scul de grain.
Judic.
Mine de plomb.
Seruze de Venize.
Outre-mer.
Spaltum ou monie.

La gomme fe fait dedans de
l'eau, dedans une fiole ordinaire.

y mettre une onfe de gomme, & demy-onfe de fucre Candy.

La carnation fe fait en plufieurs fortes felon leur objet.

La premiere fe fait en prenant du blanc & du vermillon ; Si vous le voulez plus rouge, mettez du vermillon davantage.

C'eſt pour un tein delicat.

L'autre du blanc du vermillon & de l'ocre jaune : vous en ferés de trois fortes, la feconde vous y adjoufterez de l'ocre & du vermillon davantage que du blanc, pour la troifiéme vous y mettrez du vermillon davantage.

Troiſiéme Carnation.

Prenez du blanc, peu de l'ocre jaune, de la lacque & du brun rouge pour le premier ; le fecond du blanc, de l'ocre, de lacque & brun rouge davantage. Et le troifiéme

du brun rouge , lacque & tèrre
d'ombre , & pour l'ombrage des
fourcils des yeux, entour du nez &
bouche; il faut de la lacque & terre
d'ombre.

Les bouches fe font felon la figure , fi c'eft une jeune fille c'eft
avec du vermillon & de la lacq
pour l'ombrage , & du blanc pour
le jour.

Quatriéme.

Pour les ombrages fe font fui-
vant l'objet, pour des beautez les
ombrages fe font du blanc , & de
la terre verd avec un peu de terre
d'ombre & verd. La troifiéme davantage de terre d'ombre verd &
un peu de lacque.

Les feconds.

Les ombrages fe font de mefme
horfmis qu'il y faut adjoufter de
l'ocre jaune.

Pour les vilageois on prend de
la terre d'ombre, du blanc, un peu
de brun rouge & du verd de terre,
pour le troisiéme de la lacque, terre
d'ombre & brun rouge.

Pour les Moresques.

Vous prendrez du blanc peu, a-
vec de la terre de Cologne, du
brun rouge & de la terre d'ombre.

La seconde, terre d'ombre, brun
rouge & cologne & lacque avec
peu de blanc.

Pour l'ombrage la lacque, terre
d'ombre & Cologne.

Pour les habits.

Le linge blanc se fait avec blanc,
pour l'ombrage du noir de Charbon, pour ne le faire si gris vous y
mettrez du tul de grin, & vous en
suite de trois sorte.

Pour des draps blanc il y faut du

blanc, pour les jours & les ombrages on y met de la terre d'ombre,
& le plus ombré vous y mettrez du
noir.

Cologne avec de la terre d'ombre, à caufe que la terre de cologne ne feiche pas.

La couleur de lacque fe fait de la
forte ; il faut prendre de la lacque
& du blanc pour les jours, & fecond
du blanc, de lacque davantage, &
troifiéme de la lacque & peu de
blanc, notté qu'il faut mettre de
la mine de plomb dedans pour faire fecher, fans cela voftre couleur
ne fecheroit pas, ou bien du criftal
broyé avec de l'eau.

Couleur de vermillon.

Pour faire une autre rouge l'on
préd du blanc & du vermillon enfemble pour le premier ; le fecond
plus de vermillon ; le troifiéme de
la lacq avec du vermillon, notté

qu'il faut mettre du criftal broyé
ou bien de la mine de plomb pour
faire feicher.

Quand voftre couleur eft feiche
vous la pouvez glacer par deffus
avec de la lacque fine & feul, la fai-
fât un peu cler & paffer par deffus;
fi elle n'eft bien unie, ilfaut prendre un linge fin, & y mettre du cotton dedans, & eftoupé par deffus
pour la rendre unie.

Le bleu.

Se fait avec du Sematte à huile
ou efmail, vous meflerez du blanc
pour les jours, & puis vous ferez
vos trois couleurs d'ombrages;
fçavoir le fecond y mettant plus de
bleu; fur le troifiéme davantage;
le quatriéme fematte tout pur, il
eft difficile à employer.

Il fe peut glacer avec du Sematte, quand la premiere couleur
eft feche vous le pouvez glacer

avec de la lacque fur le bleu pour
le rendre violet.

Autre bleu.

Vous pouvez faire du bleu avec
de linde & du blanc. Mais il fe
change & devient noir ; il fe glace
auffi avec de l'émail.

Le verd.

Se fait de trois ou quatre fortes;
le premier vous prenez de la cendre verd profe , puis vous y mettrez du machicot blanc, & pouvez
faire vos trois couleurs ; pour la
quatriéme prenez du noir de charbon avec la cendre verd pour l'ombrage.

Vous pouvez faire un verd plus
jaune mettant du machicot doré
& en faire les troifiéme autre couleurs , & du noir de charbon, &
du ftuldegrin pour l'ombrage, autre vous prendrez du verd de gris

& broyé pour le jour , vous y mettrez du blanc , & les troisiéme
couleurs de mesme au lieu du
blanc mettez du machicot blanc
ou doré , il se fera d'autre,

Autre.

Prenez du blanc , de la cendre
verd , & stuldegrin meslé ensemble , & puis vous ferez vos troisiéme couleurs , & ce verd paroistra
assez beau , tous ces verds se peuvent glacer avec du verd de gris
calsiné.

L'on fait du verd, prené du blanc
& du noir, faite ce que voudrez,
& quand il sera seché vous le pouvez glacer avec du verd calsiné.

Le violet se fait avec du blanc, de
la lacque & de l'esmaille ou azure, ou cendre comme vous voudrez, toutefois quand ce vien-
dra aux ombrages il n'y faut point
de blanc, selon que vous le vou-

drez faire violet, il faut mettre
de la lacque.

Pour les jaunes vous prendrez
de l'ocre jaune & un peu de machicot pour faire les trois couleurs,
& pour la quatriéme il y faut de
la terre d'ombre : c'est pour un
jaune grossier, l'autre c'est avec
du machicot seul, pour la troisiéme du machicot avec du stuld-
grin, & la quatriéme c'est machicot stuldegrin & un peu de lacq,
& pour tout l'ombrage lacque de
terre d'ombre.

Il se peut glacer avec du stuldegrin, & sur les jours rehausser de
machicot, & pour l'ombrage de
la lacque & terre d'ombre.

Pour faire un Orangé.

Il faut du machicot doré, & un
peu de mine de plomb pour les
ombrages du stuldegrin, meslez ensemble les ombrages plus fortes

il

il y faut de la mine de plomb,
peu de la lacque & terre d'ombre.

Pour le bois.

L'on le fait d'ocre jaune, & blanc,
& terre d'ombre, tout cela se fait
à discretion.

Le blanc de plomb se broye,
premierement avec de l'eau, le
plus que l'on peut & quand il est
sec, il faut en prendre ce que vous
voudrez, & le broyer encore une
fois avec de l'huille de noix, il
se garde dedans l'eau.

L'ocre jaune se broye comme le blanc de plomb : mais il ne
se garde dedans l'eau, il doit estre
dans un pot couvert d'un papier
pardessus.

Le vermillon se broye avec de
l'urine au commencement, mais
à la fin on y met de l'eau, &
tant plus il est broyé, plus il est

beau, on le laiſſe dans un linge,
lié par deſſus, puis vous prendrez
de l'huille de noix, & mettrez ladite huille dedans un pot de terre ſur la cendre chaude, aprés
vous prendrez voſtre litarge pillée,
qui ſera dedans un linge, que mettrez dedans, l'huille ſans qu'elle
touche le fond du pot.

Pour ſçavoir quand l'huille ſera
faite, vous prendrez garde que le
linge demeure roux, puis vous
la laiſſerez refroidir, & oſterez
ladite litarge, qui ſera dure, &
ne ſervira plus de rien : ladite
huille demeurera épaiſſe, il la faut
coûvrir de peur de la poudre,
pour s'en ſervir, on en met dans
de la lacque pour la faire ſeicher,
du noir, auſſi du brun rouge ne
ſeiche ſans cela, y ayant de l'huille de litarge, ou bien de la mine.

Autre huille graſſe pour faire ſeicher les couleurs.

Vous prendrés de l'huille de noix dedans une fiolle, vous y mettrés de la mine de plomb, & du blanc de plomb pillé enſemble, la mettrés au Soleil, cela s'engraiſſe, & ſera fort clair : on en meſle avec des couleurs, quand on eſt preſſé pour les faire.

Beau ſecret pour faire ſeicher le blanc de plomb ſans changer.

Quand uous voudrés faire ſeicher du blanc de plomb, couche entiere, ou bien avec du gris, en griſaille, vous prendrés de l'huille de terebentine meſlée avec voſtre blanc, il le fera ſeicher : notés que l'huille de terebentine fait tout ſeicher, parce qu'elle s'en va en fumée.

Vous en meſlerés avec voſtre eſmail, afin qu'elle ſe ſeiche, &
qu'elle ne coule point, l'eſmail
eſtant difficille à employer : que ſi
vous la faiſiés par trop liquider,
elle coule : ſi vous la mettés trop
ferme & eſpaiſſe, vous ne vous en
pouvés ſervir : tellemét qu'y meſlãt
de l'huille de terebentine, elle ſera
clair, & s'employera aiſément,
puiſque l'air attire l'huille de terebentine.

Pour empeſcher qu'elle ne coule.

Quand vous aurés fait voſtre
draperie, vous paſſerés voſtre tableau ſur terre, ou bien ſur une
table, aprés vous prendrés du papier manié, comme papier gris de
marchand, le rompeés par petits morceaux, & le laiſſerés tomber par deſſus voſtre draperie,
principallement ſur les ombrages

àprés le papier tirera tout l'huille, & quand tout le bleu fera comme feiche, que nous appellons im-
büe ou enbus, encore que la couleur ne fera feiche, le papier em-
péchera que la couleur ne coulera
pas. Pour ofter le papier, il faut
faire tomber le tableau fur un
coin, tout le papier tombera.
Notés qu'il ne luy faut laiffer feicher parce que vous ne l'en pour-
riés plus ofter. Il ne faut point
mettre de gros morceaux, parce
qu'il marqueroit la draperie Le
mot de draperie à la peinture,
s'entend tout linge, manteau, enfin
hors la carnation, tout habit s'entend draperie.

Pour netoyer les tableaux.

Vous prendrés de l'azure en poudre, & metterés par deffus le tableau, puis avec de l'eau, & une

esponge, vous frotterés dessus le tableau, cela emportera toute l'ordure & fumée, qui sera dessus le tableau : & aprés vous la verés le tableau d'eau, jusqu u'à ce que l'eau soit nette, le laissant seicher.

Pour le vernir.

Vous prenderés du verny de Venise, & passerés pardessus vostre tableau.

Autre.

Quand un tableau est tellement noir, qu'on y voit plus rien, prenés du savon noir, & passés du savon dessus le tableau, le laissant un petit espace de temps dessus, puis vous prenderés de l'eau avec une esponge, & le laverés jusques à ce que l'eau ne soit plus grasse. Notés qu'il ne faut point laisser le savon, que l'espace de deux heures, & le laver incont nent, autrement le savon emporteroit toutes les couleurs.

Autre.

Pour tableau grossier, prenez de la pierre ponce, la mettez en poudre, & avec de l'eau vous frotterez vostre tableau : mais non pas si rude, parce que la pierre ponce emporteroit toutes vos couleurs, estant bien lavé, vous le vernirés.

Autre.

Prenez de l'ur ne toute chaude, ou bien pissez sur le tableau, avec une esponge vous le laverez, c'est pour des tableaux, qui ne seront pas sales.

B iiij

Le Verny simple.

L'on prend du blanc d'œuf, le bien defbattre & de l'eau, qui fe fait deffous l'efcume, vous fervira de verny.

Autre.

Prenez du blanc d'œuf, de l'eau gommée avec tant foit peu d'amer de beuf meflé enfemble, cela verny égallement le tableau : ce verny n'eft propre que pour des tableaux nouvellement faits, parce qu'il fait revivre les couleurs comme celuy de Venife.

Pour peindre fur le taffetas en huille, fans que l'huille tache le taffetas.

Quand vous aurez des bandrolles à peindre, ou cornette de

cavallerie, des enfeignes, il faut
eftendre voftre taffetas, ou damas,
fur un chaffis, qu'il foit bien ban-
dé, vous marquerez deffus le
taffetas tout ce que vous voudrez
peindre, aprés cela, il faut prendre
de la colle de gans, qui foit tant
foit peu forte, y mettre du miel
dedans ladite colle, lefaut chauf-
fer, fi vous voulez qu'il penetre
le taffetas, finon qu'il foit fondu,
& qu'il puiffe prendre fur le taffetas, le peindre avec un pinceau,
& le laiffer feicher : aprés vous
prendrez de la terre d'ombre,
avec du blanc bien broyé, & meflé enfemble avec de l'huille graffe & peindre deffus la colle : noté
qu'il faut peindre jufqu'au bord
de la colle, ou autrement, fi
vous paffez outre, le taffetas
s'engraiffira, cette couleur fert
d'imprimerie, fi c'eft pour dorer
ou argenter, au lieu de la premie-

re couleur, prenés de l'or, couleur
pour dorer, si c'est pour argenter,
prenez du blanc avec de l'huille
grasse, & y mettez tant soit peu de
terre d ombre, & quand la couleur sera seiche, & qu'elle hubera,
il faut coucher l'argent dessus, ou
il y aura des couleurs, l'argent
tiendra, jay mis la couleur pour
dorer au devant.

Pour faire des bandolieres sur le taffetas,
que l'on porte aux pains benits.

Il faut estendre le taffetas, vous
ferez de la boulie bien claire, y
adjoustant tant soit peu de colle
& du miel, meslé cela ensemble
la faire boüillir : pour en user il faut
qu'elle soit chaude ; puis vous l'appliquerés sur le taffetas avec un
pinceau, & aussi tost aprés, vous
poserés vostre or ou argent dessus,
il sera doré incontinent & seiché.

Pour un morceau de pierre de corniche rompu.

Prenés du limaſſon rouge avec de la chaux, tant ſoit peu broyé avec le limaſſon, & metterés deſſus l'eſclat, cela ſtiendra : mais il ne faut prendre de ſi gros morceaux.

Pour faire une clairelé jaunaſtre.

Vous prendrés du blanc, avec un peu de machicot : pour le ſecond machicot blanc, troiſiéme machicot, avec ocre jaune, quatrieme ocre jaune, & terre d'ombre tout brun, ocre iaune, terre d'ombre & lacque.

Pour les rayons que l'on fait deſſus les couleurs.

Il faut que le fond ſoit ſeiché. Les rayons ſe font de machicot blanc, & faut prendre un pinceau court, & bien froter pour l'eſten- dre afin qu'il ſoit bien glacé.

L'on fait auſſi de ces rayons ſur le bleu , quand on veut que le Soleil jette des rayons au tra- vers des nuées.

Pour bronzer la

Premierement vous noirciray ce que vous voudrés bronzer avec une couleur qui ſoit en huille, du noir, & de la terre d'ombre, aprés vous prendrés la
& avec un pinceau coupé, vous frotterés deſſus la ſuperficie , & aprés pour le plus beau vous pren- drés de l'or en coquille, & donne- rés des jours pardeſſus.

Pour la draperie noire.

Nous avons trois ſortes de noir, lefquels

lefquels ne feichent fans aide , foit
de terre d'ombre , ou vert de gris,
ou bien de criftal broyé, ou l'huille de litarge.

Pour faire du taffetas.

Il faut prendre du noir de
charbon , le meilleur eft de bois
de vignes , on le fait brufler, &
quand il eft tout en braife , il le
faut couvrir : auffitoft le feu s'ef-
teind, vous le broyés avec de l'eau
& puis le laiffez feicher pour l'employer aprés avec de l huille fur
la pallette.

L'autre noir, c'eft du noir d'ivoir,
l'on prend de vieux manches de
coufteaux d'ivoir, ou autres morceaux , vous les mettés dedans le
feu, quand vous voyés qu'ils font
tout rouges vous les tirés pour refroidir. La premiere peau eft
blanche, mais l'autre noir eft fort

beau , il le faut broyer avec de
l'eau , on le fait feicher , & aprés
vous le mettez fur le marbre
pour le broyer à huille : on le
met dans un pot , & l'on le cou-
vre d'un papier, pour le conferver
de la poudre

Ce noir eft fort propre pour
faire du fatin , & du velours , il
ne feiche feul , vous y adjoû-
terez de l'huille graffe , y adioû-
tant du blanc , il fait un gris beau
pour le fatin , fi bien que pour
faire du fatin gris noir , on prend
du noir d'ivoir pour les
il donne les ombres , il fe glace pour
ombrer.

Pour faire de l'ombrage de verd , le
noir d'ivoir fert bien.

L'on prend des os de jambon,
on les fait brufler , quand ils font
rouges , on les laiffe refroidir , il

le faut broyer à l'huille , ce noir
sert au visage au lieu de spaltum.

Celuy que l'on prend pour ébaucher c'est du noir à noircir , il y
faut mettre de quoy le faire seicher : il s'employe facillement,
on en fait des habits noirs , d'autres tirans sur de la terre , vous
y mettez de la terre d'ombre,
pour le faire seicher.

Pour imprimer le bois à peindre.

Premierement il faut prendre de
la colle de cuir , & en coller le
bois, quand il sera sec , il faut
prendre du blanc d'espagne , comme on le vend chez les Chande-
liers, en mettre dedans une escuel-
le & y mettre un peu d'eau pour
le faire délayer , & aprés y mettre de la colle, & mesler tout bien
ensemble avec une brosse , vous
en frotterez le bois, sans prendre
garde qu'il soit unis : il faut char-

ger voſtre bois de trois couches
l'une aprés l'autre, laiſſant ſeicher
toûjours vos dites couleurs, quand
vous voirez que tout cela ſera ſeiché, prenéz un linge moüillé, &
frottez par deſſus pour abbattre
ce qui ne ſera uny, aprés vous
prendrez de la prelle, & prellerez
voſtre blanc, vous le rendrez uny
comme verre, il les faut encoler,
les uns l'imprime de gris à huille, les autres ſe contentent de
l'encoler deux fois.

Pour le Cuivre.

L'on prend une plataine de cui-
vre bien poly, aprés vous prendrez du blanc de plomb bien broyé avec de la terre d'ombre, &
noir de charbon meſlé enſemble,
avec une broſſe vous frotterez
pardeſſus la plataine bien unie, &
avec un linge & du cotton dedans

vous frapperez deſſus, pour la
rendre mieux unie, quand la couleur ſera ſeiché vous prendrez un
couſteau & paſſerez par deſſus
pour unir davantage, aprés vous
la chargerez encore une fois, &
ferez encore de meſme ; le laiſſant
ſeicher, vous pouvez travailler
aprés pour peindre ſur une pierre
ou plaſtre, il faut imprimer &
faire l'impreſſion fort claire pour
la premiere fois, quand tout ſera
ſec, il la faut imprimer la ſecon-
de, aprés peindre, autrement ſi
vous vouliez peindre deſſus, la couleur s'éboiroit incontinent, & de-
meureroit eſpoiſſe, & le plaſtre
boiroit l'huille.

Pour faire de la couleur de citron.

L'on prend du machicot blanc,
de la cendre verte & du ſtil de
grain meſlé enſemble : les ombra-

ges se font de mesme couleur, n'y mettant pas tant de blanc, ny jaune, il se peut glacer de verd, si vous voulez.

Pour la détrempe se fait d'autre sorte,

Premierement.

L'on ne fait point imprimer la toille pour y travailler, l'on rend la toille sur un chassis, aprés l'on fait de la colle de gans bien passée, & qui soit nette pour l'encoller.

Quând vostre toille est seiche, vous dessigné dessus ce que vous voulez.

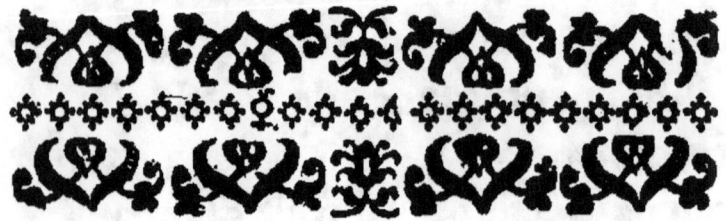

LA METHODE

Pour accommoder les couleurs en détrempe pour la Mignature.

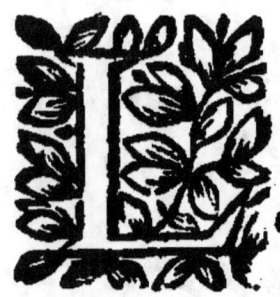E blanc de plomb à l'eau.
Le vermillon à l'eau de gomme.
La lacque à l'eau de gomme.
Mine de plomb.
Terre d'ombre.
Terre de Cologne.
Noir de fumée.
Noir de charbon.
Azur.
Cendre verd.

C iiij

Terre verd.

Maﬃcot blanc.

Maﬃcot doré.

Orpin doré.

Brun rouge.

Verd de veﬃe.

Inpic

Torneſol.

Roſet.

Vous appliquerez vos couleurs
comme vous voudrez, & faut que
toutes vos cculeurs ſoient à part
dedans des pots preparés à la gomme, d'autre c'eſt avec de la colle ſimple : mais il faut trop chauf-
fer, avec la gomme il ſe fait plus
aiſément.

Pour travailler une teſte, vous
faut toutes vos couleurs de carnations ſeparées dedans un pot, &
les appliquer ſuivant leur ordre,
il ne ſe peut adouçir, il les faut
mettre l'une aprés l'autre, & at-
tendre qu'elles ſoient ſeiches, cela

vous semble rude de ne les pouvoir adoucir.

Pour parachever la figure, il faut prendre une esponge plongée dedans de l'eau & moüiller le derriere de la toille, ou vous voulez achever, cela rafraischit les couleurs, vous les adoucissez l'une avec l'autre, & avec des ombrages, vous paracheverez les figures, les haussât vous ne pouvez rien voir de parfait, si cela n'est seiché.

Pour les habits vous faites de mesme.

Vous faut du bleu de la sorte, le bleu ne se rechauffe pas avec du blanc, parce qu'estant seul, il semble beau : il ne reste qu'a l'imprimer, vous meslerez de l'indic avec du bleu, pour l'ombrager : l'indic seul pour ombre, ou bien prendre du tornesol, le mettre détremper dedans un pot avec de l'eau

gommée, & mefler ladite eau avec
le bleu, ou bien ombrager avec
ladite eau de tornefol. La lacque
fe peut faire du blanc avec de la
fine :: la lacque pour le premier,
aprés de la lacque pour le fecond,
& du brefil bien cuit avec de l'eau
gommée, fur la fin de cette eau
avec la lacque fe fait ombrage.

L'on ne peut glacer qu'avec de
la lacque : mais il faut que la premiere couleur foit forte, autrement
la couleur à glacer fe mefleroit,
& il faut avec une brofse pafser
par defsus, fans y retourner, autrement tout fe mefleroit enfemble.

Le verd fe fait avec de l'azur,
machicot, ce verd eft fort guay,
les autres fe font avec orpin, ou
bien machicot, & indic, felon que
vous y mettrez du machicot, il
fera beau : l'on prend de la terre
verd, ou bien du plus beau verd
de montagne, les ombrages fe

font d'inde , terre verd , ou bien
du brun verd du ſtul de grain , avec
de l'indic.

Les habits ſe font de meſme
couleur comme celle-la d'huille ,
hormis que l'on ne glace point.

L'air, les nuées ſe font de meſme avec de l'eau de gomme.

Vous pouvez rechauffer vos
couleurs en meſme temps, ſoit ſur
la carnation ſur les habits , vous
rehauſſerez , ou en fondrez du
meſme temps.

Si vous y touchez plus d'une
fois, voſtre ouvrage n'en ſera pas
bon , à cauſe que l'eau ternira
les couleurs.

Pour les arbres ſe font de terre d'ombre. Vous uſez de la terre de Cologne pour ombrager,
ou bien du biſte, encore que vos
feüilles ſoient ſeiches, vous pouvez
donner des jours par deſſus meſlant
avec voſtre couleur de la mer de
bœuf

La mer de bœuf se met dedans une bouteille de verre, & pour empescher de sentir mauvais, on y met du sel dedans.

Toutes ces couleurs estant seiches, se détrempent avec de l'eau: les couleurs qui sont meslées avec de la gomme, mais ceux qui sont avec de la colle, il faut avoir du feu, pour peindre sur des murailles, il est plus propre avec de la gomme qu'avec de la colle.

Il y a d'autre sorte de Peinture que l'on appelle Afresque.

Cette sorte de peindre est presque venüe d'Italie, ou l'on peint des murailles toutes entieres qui resistent à la pluye, la principalle partie, c'est de l'application du ciment, qui se doit faire de semblable blanc avec de la chaux & du ciment meslé ensemble, le ciment estant fait, on a des couleurs toutes prestes.

Pour

Pour travailler.

Vous faites vos deffeins de ce
que vous voulez faire, & faut eftre
jufte , parce que l'on n'y peut
retoucher : cimantez la place que
vous travaillerez la journée, &
point davantage : aprés faut peindre incontinent, afin que vos couleurs feichent quant & quant le
ciment, elle demeure autant qu'il
y aura du ciment , mais toutes
fortes de couleurs n'y font pas
bonnes ; il n'y faut ny gomme
ny colle : toutes les couleurs ter-
riennes font propres, & point d'ar
tifice, parce que la chaux fait ter-
nir la couleur & fait deven'r la
couleur noire.

Toutes vos couleurs font broyées
avec de l'eau & toutes feparées:
il les faut ufer avec des pinceaux
les unes aprés les autres , donner

D

vos ombrages pour faire couler vos couleurs, il y faut mettre des baſtons de figuier dedans vos pots, de la longueur de quatre doigts.

Les couleurs qui ſont propres.

Le blanc de plomb.
Ocre jaune.
Ocre de ruel.
Brun rouge.
Vermillon.
Machicot blanc & jaune.
Terre d'ombre.
Terre de Cologne.
De la pierre noire.
Sangu ne.
Azur.

On le laiſſe ſeicher à l'ombre, & ſans pouſſiere, puis on le met dans une boiſte, pour en prendre ce que l'on en veut employer, & ſe meſle avec un couſteau ſur la palette.

La lacque ſe broye avec de l'huille & ne ſe met dedans l'eau, pour les autres couleurs, de meſme que de la lacque.

La terre d'ombre ſe broye en huille & ſe met dedans l'eau.

Le noir d'ivoir ſe fait avec de l'ivoir bruſlé : & puis le broyer avec de l'eau, & quand il ſera ſec, le broyer avec de l'huille.

Le noir de charbon ſe fait avec du charbon de ſaux, & ſe broye bien avec l'eau, & le laiſſer ſeicher, il s'employe avec de l'huille, quand on en a affaire.

Pour faire ſeicher les couleurs, on broye du cryſtal, avec de l'eau & bien broyé, puis le laiſſer ſeicher, on le meſle à ſec avec de la lacque.

L'on uſe de certain ſplatum pour glacer les teſtes des ruſtiques.

Pour accómoder du ſplatum, l'on broye le ſplatum avec de l'huille,

D ij

& puis le mettre dedans un pot
de terre, & le mettre fur le feu, ou
cendre chaude , & le faire cuire;
quand il aura cuit on le tirera ,
& tout fera bien clair fans om-
meau : il y faut mettre un peu de
terre d'ombre avec , quand on s'en
veut fervir; parce qu'il eſt difficile à feicher , ou bien du vert de
gris broyé en huille , fert pour
ombrager le verd , par exemple.
Si vous voulés glacer du verd,
qui foit fort brun, vous meflerés
du fpaltum avec du verd calciné,
ou vert de gris , voſtre verd fera
fort obfcur.

Pour les viſages.

On y met de la terre d'ombre,
& de la lacque , cela glace & fait
des ombrages jaunaſtres , tirans
fur le rayé , & s'accommode pour
les cheveux.

Pour faire de la couleur minime.

Elle se fait avec de la terre d'ombre, du blanc, & de la lacque à trois couleurs, & la quatriéme le spaltum avec de la lacque & terre d'ombre donne l'ombrage.

Le gris c'est du noir & du blanc.

Couleur d'aurore c'est machicot, & vermillon, & du blanc : d'autres y adjoustent de la lacque.

Pour les couleurs changeantes, quand on fait une draperie, de la lacque, vous la pouvez rehausser de machicot, cela fait la couleur changeante.

Sur la lacque vous la pouvez rehausser de violet fort clair.

Sur le violet rehausser de lacque blanche.

Du jaune fort blanc sur le violet.

Du verd fur le violet.

Couleur de gris de lin, rehauffer de couleur de chair.

Sur le vermillon le rehauffer
de machicot blanc.

Sur la lacque rehauffer de mine
de plomb, avec du blanc & puis
glacer.

Pour les huilles.

L'huille de noix eft celle que l'on
ufe en couleur, la plus blanche
eft la meilleure : en d'autres lieux,
faute d'huille de noix, l'on prend
de celle de lin, elle jaunit davantage.

Pour l'huille de chanvre, elle ne
fert que fort peu, elle eft bonne
pour imprimer des toiles, & point
autrement.

Notés que ces huilles font ceux
que l'on employe le plus.

La principalle eft celle de noix,

toutes les autres huilles ne feichent point , & c'eft pour affuré
que l'huille qui fe glace, jamais
ne feiche comme l'huille d olive,
l'huille de ravette , l'huille de
poiffon , ces trois huilles ne feichent point, & fi elles font meflées
avec les trois autres elles empef-
chent qu'elles ne feichent & gla-
cent tous les ouvrages.

Pour accommoder toilles à peindre.

L'on prend de la toile fi elle
eft neuve, on la tend fur un chaffis , & puis l on la frotte avec
une pierre ponce , pour couper
les nœuds de la toile, & quand
elle eft unie , on prend de la colle,
que l'on paffe pardeffus , & quand
la colle eft feiche , l'on prend de
la terre d'ombre , & du brun
rouge broyé enfemble , & l'imprimer par deffus la toile avec un

couſteau de fer bien uny , & quand
la premiere couleur ſera ſeiche ,
vous la frotterez de nouveau , avec
la pierre ponce , & l'imprimer encore une fois avec du blanc de
plomb , de la terre d'ombre , un
peu de noir de charbon pour le
faire gris.

Pour le violet on le fait avec
de la lacque , du blanc , & du
noir de charbon , ou bien du bleu ,
& quand il ſera ſec , il le faut
glacer avec de la lacque , & du
bleu meſlé enſemble.

Pour l'Or couleur.

Pour dorer ſur bois , marbre , &
fer , & qu'elle ne s'en aille point
à la pluye.

Il faut prendre du blanc de
plomb broyé à l'eau qui ſoit ſec ,
& y meſler de la terre d'ombre ,

& broyer tout enfemble avec
huille du pincelier, le laiffer fur
la pierre du foir au matin, & le
matin commencer à le rebroyer,
vous trouverés que la couleur s'en-
graiffe vous l'ofterés & la metterés dans un pot pour s'en fervir :
vous en metterés fur une palette,
& où vous voudrés dorer, il en faut
mettre avec le pinceau, le laiffer
feicher jufques à ce qu'il hube,
ou tienne un peu au doigt. Vous
y metterés l'or en feüille par deffus, & où il y a de la couleur,
l'on y tiendra, ou autrement tout
fera doré, fi vous le couchés tout
uny.

Et pour empefcher que l'or ne
tienne par tout, il faut vernir auparavant que de coucher voftre or
couleur, & quand le verny fera
fec, vous coucherés voftre or
couleur où vous voudrés, & l'or
ne demeurera point, que fur la

couleur que vous y aurés mis.

Pour accommoder une bordure d'or.

Vous noircirés voftre bordure de noir à noircir avec de la colle, & la noircirés deux fois, puis vous prendrés de la colle & l'en collerés : quand la colle fera feiche, vous le vernirés par deux fois, & puis vous aurés un patron, ou un eftampe par deffus ce que vous voudrés faire, & par aprés vous coucherés voftre or couleur, & quand elle fera feiche, & qu'elle tiendra, vous appliquerés l'or par deffus, & avec le coton vous emporterés l'or, qui n'eft point fur la couleur : & par ainfi ce que vous aurés fait avec le pinceau demeurera fur le fer : vous n'y metterés point de verny, mais feulement de l'or couleur de ce que vous voudrés dorer.

Pour azurer du bois ou plat.

Il faut imprimer de couleur le bois que vous voulés azurer, & quand voftre impreffion fera feiche, vous prenderés du blanc de plomb, & un peu de mine, pour le faire fecher, quand il fera couché de blanc bien uny, & point efpais : vous prendrés voftre azur en poudre, & metterés par deffus où il y aura du blanc, l'azur s'y tiendra, & l'autre s'en ira de deffus le bois, ou toille.

L'on pourra faire de mefme du verd de montagne, le faire feicher & mettre en poudre, & puis l'épandre par deffus le blanc.

L'on prend auffi de la cendre verd, la faire feicher dans un papier fur une pelle à feu, qui foit un peu chaude, la bien manier, qu'elle ne foit en morceau, & puis eftant

en poudre, la poudrés: elle ne cháge
point, cóme si on la mettoit en huille.

*Pour faire du verd qui soit beau à la
pluye soit sur le bois , ou sur
du fer.*

Premierement vous prendrés du
blanc de plomb, & le broyerés en
huille , & y metterez du machicot
blanc , meslé avec du blanc , c'est
pour le faire seicher, quand il sera
peint sur le bois , ou le fer , & sec,
vous prendrez du verd de montagne , le broyerez bien avec de
l'huille , puis vous metterez du
blanc & du machicot blanc, tant
qu'il fasse comme verd de mer, &
peinderez vostre bois , ou fer,
qui sera peint de blanc & sec,
puis vous prenderez vostre couleur , & passerez par dessus , &
quand vostre verd seichera , il vien-
dra davantage, que si vous metriez
vostre ver de montagne ﹐seul i ﹐l
se

noirciroir & ne seroit si beau, il
ne se gaste à la pluye ; comme
fait le verd de gris, qui se noircit
au Soleil, &, à la pluye il se gaste ;
l'on rougit encore du bois avec
de la lacque, ou bien du bresil.

Pour des bordures on les fait
de mine de plomb avec de la colle, & on les rougist deux fois,
puis on prend du beau bresil, & on
le fait boüillir, & on y met de
la colle : quand il est rouge &
un peu froid, on prend une brosse,
& on passe par dessus le rouge de
la bordure, & on le rend beau
rouge glacé, quand tout est seiché,
on le vernit,

Pour appliquer de l'or en coquille,
sur marbre ou pierre fine.

Quand on veut appliquer de l'or
en coquille sur des tableaux, on les
vernit de verny de venise, puis

E

on applique l'or en coquille par
deſſus , & cela ſe prend ſans re-
fuſer : & pour pierre fine & petite, l'on prend une doſe d'ail &
on en frotte la pierre, & l'or ou
l'argent ſe prend le plus aſſuré, &
qui tient , c'eſt dans un limaçon
rouge que l'on trouve aux cours ,
ou en frotte la pierre avec l'écu-
me qu'il jette , l'or ſe tient mieux
ſans limaçon , l'ail fait de meſme
& eſt plus aiſé.

Le Verny de Veniſe.

Il faut premierement de la terebentine de Veniſe une once & de
l'huille de terebentine demy once ,
mettrés le tout dans une bouteille de verre, vous prenderés de l'eau
dedans un plat : & metterés voſtre
bouteille au milien du plat : prenés un réchaux & du feu, & mettés voſtre plat deſſus, tant que l'eau

commencé à boüillir, voſtre bouteille ou fiolle au milieu : vous
voirés que la terebentine & huille ſe meſlera enſemble, vous la re-
muerés bien, puis la laiſſerés reſ-
froidir : il faut pour l'employer,
qu'elle ſoit tant ſoit peu chaude,
elle coule mieux, & ſeiche incontinent.

Pour peindre une perſonne morte.

Premierement vous prenderés du
blanc, avec de l'ocre jaune, &
le meſlerés enſemble : pour le premier le ſecond, vous prendrés du
blanc, de l'ocre, de la lacque bien
peu : le troiſiéme du blanc, du
jaune, peu de la lacque, & du
noir de charbon.

pour les ombrages, du blanc,
du noir de charbon, de la terre
verd, de l'ocre jaune, du blanc,
peu du noir de charbon.

E ij

Pour les levres ou bouches,
vous prendrés de la lacque, du
noir, & du blanc pur, ce qui fait
que la bouche paroist violette plutôt
que rouge.

Pour les joües au lieu de les faire rouges, il les faut faire vio-
lettes: les mains, & les pieds se
font violetts pluftoft que jaunaftres,
parce que le fang se retire par les
membres, les genoux, les ombrages, se font violets: pour les orei-
les de mefme couleur, que l'ordinaire du vifage: comme les jours
de blanc, autre fecond blanc, ot-
re & voir, comme au paravant.

Les cheveux ne changent point
de couleur.

Pour les yeux se font à la dif-
cretion du Peintre: les yeux bleües
se font avec de la cendre fine, &
pour l'ombrage, vous metterés tant
foit peu de noir: le blanc des yeux
se fait avec du blanc, & du bleu,

pour les ombrages.

Les roux c'eſt terre d'ombre , & vermillon , les gris ſans bleu, c'eſt avec du noir & blanc , tant ſoit peu de terre d'ombre.

Les noirs , c'eſt ordinairement du noir , terre d'ombre , & tant ſoit peu de rouge , & le mieux , c'eſt toûjours du noir.

Pour les payſages.

L'air ſe fait avec du bleu eſmaillé ; pour faire un temps ſerain , s'il eſt pluvieux , il ſe fait avec de l'eſmail , du blanc , & du noir de charbon.

Pour le faire ſombre , il y faut adjouſter de la lacque , & vous le ferés plus violet.

Pres des montagnes ſe doit mettre le jour : il faut qu'elles ſoient brunies de bleu prés du jour ; prés des montagnes , il vous faut un

E iij

Soleil levé, ou le jour jaunaftre :
plus prés du jaune, de la lacque,
& blanc meflé avec le jaune pour
le faire aurore : aprés cette feconde couleur , c'eft de la lacque &
blanc meflé enfemble : puis vous
approcherés voftre bleu pour faire l'air ; qui foit compofé de blanc
& bleu , & peu de lacque , &
continué jufques au fond de l'air ,
qui fera pofé fur le fond du tableau.

L'on fait paroiftre des nuées ,
qui font blanchis avec du blanc
rehauffé , pour les fecondes montagnes auprés des bleds , lont tirans fur le violet, aprés verd guay,
& ombrages violets , les plus prés
font verds , comme l'occafion fe
prefente : les places prés , qui font
de terre d'ombre & grifaille pour
des pierres.

Les rivieres fe communiquent
avec l'air, par exemple , fi le temps

est serain , l'eau sera bleüe : s'il
est rougeastre , l'eau tirera sur le
rouge & sombre: l'on le fera avec
de la cendre verd, noir de charbon , & blanc fort peu.

Le cristal se fait de la sorte.

Vous prendrés un verre de cristal
de Venise, & le metterez dans le
feu tant qu'il soit rouge : puis le
tirerés & le broyerés aprés sur une
pierre de porphire ou escal, avec de
l'eau : le laisserés seicher , il le faut
broyer bien fin , parce qu'il se mesle
avec de la lacque sur une palette,
& prendre du cristal qui sera en
poudre , & meslerés avec vostre
lacque , cela le fait seicher sans
le changer.

Des tableaux Afresque.

Les tableaux Afresque ne se font,
E iiij

que sur les murailles fraischement
enduites de chaux & de ciman : afin
qu'ils seichent avec les couleurs, &
qu'ils resistent à la pluye & au Soleil, beaucoup plus que les autres.

DE L'ORIGINE
de la Peinture & Sculpture.

*Ensemble les noms des Autheurs qui
l'ont remise en sa splendeur.*

L A Peinture au rapport de quelques Philosophes, prit son origine d'un berger, qui s'advisa en
gardant ses moutons de tracer des
contours à l'entour de son ombre, & voyant que ces simples traits
representoient à peu prés la forme
humaine, il s'y appliqua peu à peu :
si bien qu'il parvint au dessein de

toute la figure de l'homme ; mais la plus commune opinion est, que l'origine de la Peinture est venüe des Hebreux, des Grecques, & en-suitte des Romains , environ la fin du quatriéme fiecle.

Il ne nous reste plus rien de tou-te l'antiquité que le dessein du ta-bleau d'Aldobrandin, il se voit bien quelques hyeroglifiques des Egip-tiens des Malifmans : aneaux, bas-reliefs trophées, vases, camayeux, urnes , lettres de diverses nations , ornements d'Architecture , inscrip-tions , camayeux, epitaphes , figu-res , medailles & statues , toute la gallerie juftinienne est le plus entier monument qui reste de ce temps-la , avec la colomne trajan-ne.

Nous n'avons rien de ces braves Peintre tant renommés de l'anti-quité, comme d'Appelles , de Pro-togenne , de Xuxe , de Paraffe , de Timante, de Lisipas, & quantité d'autres, qui les ont suivis, & qui ont mis la derniere main à ce noble exercice.

La decadence de la Peinture & Sculpture arriva sur la fin du quinziéme siecle, & a duré jusques à la fin du seisiéme.

Roma sousterranea est remplie de diverses piecees du bas Empire, de maniere gotique, tirées des vieilles peintures & enluminures, tombeaux, sceaux, cachets, medailles, & tapisseries gotiques.

Depuis l'invention de l'imprimerie il s'est fait quantité de tailles de bois, qui font voir la rudesse des desseins jusques au commencement du seisiéme siecle.

Quant à la Graveure, son origine commença environ l'an 1490. dont on voit encore diverses pieces, des premiers & plus anciens Graveurs qu'on nomme du vieil en-

ere , comme Ifrael , & Martin le
Tudefque , Meftre Albert Duret,
Iean Dunet, Langre , Xenophon,
Spir dit le Meftre R. la ratiere
d'Eftienne , & Daniel Hepter , fur-
nommés les Maiftres au chandelier,
& divers autres.

Aprés ont fuivy les œuvres d'Albert Duret , l'un des principaux
reftaurateurs de la Peinture &
Graveure en Allemagne , & au
Pays bas en l'an 1610.

Aprés vint Lucas de l'Eidan,
dont les œuvres fe voyent tant en
bois , qu'en taille douce.

Depuis 1500. jufques à prefent,
il fe voit diverfes œuvres gravées
en bois comme de Lucas, Cronis,
Iacob Bins , Holbee , Chanfflin, &
autres.

En fuitte les petits maiftres ainfi
nommez , pour s'eftre addonnez à
faire & graver des petites pieces ,
à fçavoir George Panfe, Alde Gra-

ve, Defeblart, & Iean Difpanion, freres du perit Albert, de Virgile Solis & beaucoup d'autres, qui n'ont point d'autre nom que celuy de leurs marques, comme le maiftre à l'eftoille, le maiftre au caduce, au nom de Iefus, à l'oyfeau, au double triangle, à l'M, à l'ecreviffe, à la pelle, au Cancre, & autres.

Les œuvres de Erancifque, Floris d'Hemcher, de Lombardus Suavinus, de Lombard, de Pierre Brugel, de Michel Lange le Flammend, Corneil Bes de Maubefe, de Michel Quintin, de George BehaC Gille Moetart, Gille Coignet, Othodanfus de Corneille Cort, de Harlem, de Theodore Bernard d'Amfterdam, de François Clin Peintre de Dannemarc, de Iean Sradan, de Carlemandre, de François Porbüe, de Detrelin, de Lomle Noir, de Henry Vutouch, de
Denis

Denis Calvaret, de Nicolas Hoy , de Barthelemy Reyter , de Louis Vinſon , de Marc Gerra , de Geldopine Gotine , de Ioſſe de monper , de Langepier , de Iean Hoeſnavet , de Senile , de Guerard de Groningue , de Sicham , de Iean Bol , de DancdV an Bons, de Pierre Vandee.

Les œuvres de Henry , de Hubert , de Iacques & Iulles Goltine.

Les œuvres de Philippe, Theodore & Corneille Galle , de Creſpin de Pas, de Nicolas le Brun, de Theodore de Brye, de Boiſardus , de Iacque Gheya.

Les œuvres de Iean Raphael, Iuſte & Gilles Sadelers, de Martin de Vos. Enſuitte les œuvres d'Antoine ; Iean & Hieroſme Vitrix de Voſtreman, Valdor d'Ablochland, de Iean Sauredam, de Gabriel Spir, de Iean Herman Mäler, de Iacques Martin, de Simon Friſius , de Barthelemy Dolendo, de Mirenet, de Bolſever,

F

de Michel Sindere , d'Abraham
Merlam , de George Vvingts , de
Baptiste Vriens, d'Ansbol, & Charle
Cistam , de Pierre & Gerard Iode,
d'Asuer Londersel, d'Adrien Co-
lard, Pierre Furnine, de Ioseph Ab-
haine, Ioes Vvingts, de Iean Abach,
de Iean Rothohamer, de Marc Ca-
yer , du Candide, de Dominique
Custos , de Christophe Stuare , de
Iean Sperart, de Gerard Legers, de
Barthelemy Sprangere, d'Abraham
Blomart, d'Antoine Vendich , d'A-
braham Brosuer, de Gilles Honrors,
& Iacques rourdane, du Prince Ro-
bert Palatin, les œuvres de Paul Ru-
benet, les nuits du Goud, de Iean de
Vvelde, de Rimbran, Vveubronch,
Vanvulict , de Louis Cloud & autres,

*Suitte de ceux qui se sont occupez aux
paysages, aux animaux, aux poissons,
aux bestes, fleurs, & fruicts.*

Paysages.

De Paul & Mathieu Bril, des Sadelers, de Pietre Stefany, de Corneille Nicelay, de Roland Savary,
de Monsperthé, de Claude le Lo-
rain, de Fouquieres, d'Armand, de
Scalberge, de Perrelle, de Son, &
Colignon, de Goltive, de Ghein, de
Blomart, de Maine, de Somme, &
divers autres.

Des mers & vaisseaux.

De Henry de Cleves, de Michel
Colin, de Nieuland, & des paysages
de Iean & de Pierre Brugel, de
Londersel, de Iean Vvelde, de To-
bie Verbach, Vandebons, d'Antoi-

ne Miron, de Merien, de Montaga-
ge Flammant, de Montagne, de Venife, de Perfellius, & autres fans les
modernes de ce temps.

Pour l'Italie.

Retabliffement premier de la
Sculpture, Peinture. & Graveure,
en Italie : contenant quelques pieces
des premiers Peintres & Graveurs,
comme d'Antoine Pollajolle ,
d'André Môtegne, Benedeto Mon-
tegne, de Roberte, de Dominique
Compagnole, Iean de Broffe, & Iacques de Veróne : & de quelques autres Graveurs, qui n'ont autre nom
que celuy de leurs marques, comme il eft dit cy devant.

Quelques pieces des premiers
Peintres d'Italie, comme du Gioto,
Grillandayo, d'Herculle de Ferrare,
de Pierre Perugin, maiftre de Ra-
phael, & du Giorgione maiftre du
Titian.

Les œuvres de Raphael d'Vrbin, principal pour la Peinture moderne, pour l'avoir remife en fa fplendeur, lefquelles œuvres ont efté gravées en fon temps par Marc Antoine, Auguftin Venitien, Iulle Bonacine Silveftre, & Marc de Ravennes, Beatrice Loraine & autres anciens.

Suitte contenant quelques pieces de Michel Lange, Buor arcty grand Peintre, grand Sculpteur, & grand Architecte : les œuvres d'Antoine de Corege, de François Mazzvoli, dit le Parmefan, de Polidore de Caravagio,

Les œuvres du Titien, de Iulle Romain, du Carail, de Iean Baptifte Mantoüan, de fa fille Dianne, de Theodoro Ghifi, & George Iulles Mantoüans, & de Perin Delvaga: quelques ouvrages des Peintres, & Sculpteurs, qui ont vefcu du temps de Raphael, & Michel Lange, jufques à la fin du seisiéme Siecle, scavoir de *Baccio Baudinet*, & d'Ammanato, des *Salviaty*, de Perusi, de *Dominique Betasumy*, de *Sodoma Sientis*, du *Porcenone*, Iacque *Florentin*, frere *Sebastien del Pumbo*, de *George Vazary*; du *Bronsin*, de *Raphael de Regio*, de *Rianel*, d'*Vrbin*, de *Frederic Barocio*, & d'*Antiveduto*, d *Hippolite Andreasi*, de *Mario Arconio*, *Ferrau Fensoni*, *Iacrino Zuca*, de *Iean Pol*, de *Pise*, de *Iacques Sigosi*, de *Potensane*, de *Lelio Orsino*, d'*Andrea Boscolo*, de *Iacques Parmesa*, & N. *Circignani*, de *Laurent Sabatin*, d'*Herace Samachin*, d'*Andrea Vincentino*, & *Iean Coutarin*, Guillaume *Benso*, *Prosper de Besse*, & *Sebastien Frane Matello Venusto*, *Durante*, & frere *Bastien de Camaldoli*, de *Thadée*, & *Frederic Zuccari*, de *Daniel de Voltere*, de *Marc de Scierne*, de *Baptista del Moro*, de

Iuſle , & Bernardin Campi , de
Lactantio di Breſcia , de l'enlumi-
neur Clonive , de Pompeius Aquila-
nus, de Linius Agreſtus, de Paul Ve-
roneſe , de Paul Farinate , des Baſ-
ſenes, du Tintoret, de Baptiſta Fran-
co, du Mutiani, & des deux palmes
anciens & modernes. Les œuvres
gravés par ceux qui ont veſcu
depuis 150. juſques à la fin du ſei-
ſiéme ſiecle , ſcavoir d'Æneas Vi-
cus , de Martin Ruota, de Reverdi-
nus , de Camille Pocacini , de Baptiſta Fontana , de Ioſeph Scolari ,
d'Andrea Mentovano, Pietro Brea
d'i Meſſina , de Cordeille Cort, du
Paſſarot , & Bernatdin Paſſaro , de
Marius & Vincent Cathary, de Se-
baſtien de Veniſe : enſuitte ſont
venus d'autres Graveurs , comme
Alexandre, François, & Cherubin
Alberts , du Vilamene, de Raphael
Scaminoſi , & des Thomaſſins.

Ouvrages des Peintres, qui ont
F iiij

vefcu fur la fin du feifiéme fiecle, &
commencement du dix feptiéme ::
fçavoir de François Vanius, de fon
frere Salimbene, du Seuoli, de Michel Lange, de *Caravage*, d'Anni-
bal, Louis & Auftin Garaches.

Des pieces des Peintres de ce temps.

Premierement des R. P. Capu-
cins Piazza, & Cofmo de Caftel
Franc, d'Hippolite Scarcelin & du
Schiavon, du Gongiafio, du Lucian
Borfon, Io Bap Pagio, Genois du
Bourgien, Rutilio Maneti, du Vale-
gi, de Carle Venitien, & Pafcalin de
Véronne, d'Alexandre Gafolan, de
Bernard Caffel Evangely, François
Cofzza, Paulo Francifci, de Vefpa-
fien Strada, Stephano Volpe, Bar-
tholomeo Schidono, du Statuere
Hyppolito, Scalza, d'Anaftafe Fonte
bone, des Cavaliers Maffime & Ba-
glioni, de François de Viterbe, de

Camille Spalucci, d'Augustin Cia-
pelli, Luc Ciamberlan , & Audes
d'Ancona , du Cavalier Antoine,
Pomeranger , de Martin de Parme,
de Mathieu & Frederic Greuters,
de Guillaume Baur, de Iean Boüet,
de Foslan , d'André Maillioli , de
Melchior Gioradin, de Iean Baptiste
Braccelli, de Philippe Neapolitain,
d'Antonio Lucini , de David Bagli .
de Benedeto Romano, d'Estienne de
la Bella , imitateurs de Callot.

Suitte d'Italie.

D'Antoine le Tempeste, le Cavalier Iosephin, du Guerchin , du Si-
ran, de François le Flamand , & de
Marcel le Provençal restaurateur
de la Peinture mosaique . du Geni
lesque, du Valentin , d'Edouard
Fialetti, de Ribera surnommé l'Et
pagnolet, de Iean l'Enfranc, de Pie
tre Beretin de Cretone, du Domini-

cain, & du Guide Bologne &, autres modernes.

Du retablissement de la Peinture en France.

Les ouvrages du vieux Porbur, quelques ouvrages du Roy René de Sicile, de Leonardo da Vinci, d'Andrea del Sarto, de maistre Roux de saint Martin de Bologne, & de Maistre Nicolas, de Leon Daven, & d'Antoine Fauteur ses Graveurs.

Des Enlumineurs.

Geofroy du Moustier, Leonard Limosin: maistre Estiéne de Laulne: de René Boivin: de Lucas Penis: de Dominique Florentin : & Leonard Tiry : les ouvrages de Iean Cousin: de Iean Genet, du Suisse, de maistre Baptiste de la Tour ; de Laurens le Vitrier: d'Egman ; & plusieurs autres, qui ont gravé en bois, depuis le commencement du seisiéme siecle, jusques à present.

Suitte pour la France.

Contenât quelques ouvrages des maistres,
qui ont vescu sur la fin du seisiéme sie-
ele, & commencement de celuy-cy.
Du Regne d'Henry IV. sur nommé
le Grand, & de Marie de Medicis.

De Freminet ; de Dubreüil ; de
Busnel, d'Antoine Caron ; de Du-
bois; de Lallemant, & des Graveurs
Thomas de l'Eu ; Virix ; Leonnard
Gautier, & autres.

Suitte contenant quelques pieces
de Des. Ruets, de Bellange, & de
Iacques Callot Lorains.

Du Regne de Louis XIII.

De Iacques Blanchard, de Rabel,
de Ferdinand; d'Aubin Vouet; Isaye
Fournier; de Iean Lis, de Chauvin,
de Saber, de Mailerac, de Son, de
Pierre Scalberge, de Ioseph Boillot,
& à la fin de Mergalle, Seve, &
Forestier, Peintres en dettempe : en-
suitte Mignard, Iacques l'Homme,

& du petit François le Tourengeau,
du Brun; de Vanmol, du Meſlin? de
Nicolas Prevoſt : d'Hurel: de Iuſte:
de Picou: de Biard Queſnel; de ſaint
Igny; de Claude Audran; Tetlin Ga-
niere ; & Eſtienne Moreau : de
Montarner ; de Bie; de Claude &
Hiérome David ; Charpignon, Vie-
not; Picard, Iolain; Rouſſel; avec Pier-
Brebiette.

Les plus excellents maiſtres, qui
ont gravés en eau forte du temps de
Louis XIII. François Perier, Remy
Vvibert, Dorigni Chaperon: de Goi-
rand ; Iſrael Silveſtre ; & Anthoine
Boſſe.

Ceux de ce temps; Claude Melan:
Gregoire Huret ; Claude Daret:
Couvéy : Gilles Rouſſelet : Robert
Nanteuil: Michel Laſne.

Les Peintres d'à preſent : & ſous
le Regne de Louis XIIII. le celebre
& illuſtre le Iulle Romain François
Monſieur le Brun.

FIN

www.ingramcontent.com/pod-product-compliance
Lightning Source LLC
Chambersburg PA
CBHW071535220526
45469CB00003B/789